प्रतियोगी परीक्षाओं हेतु मानसिक पैटर्न

JEE,NEET,CUET,UPSC,NTSE,KVPY ETC

आचार्य विशवेन्द्र

Copyright © Acharya Vishvendra
All Rights Reserved.

This book has been self-published with all reasonable efforts taken to make the material error-free by the author. No part of this book shall be used, reproduced in any manner whatsoever without written permission from the author, except in the case of brief quotations embodied in critical articles and reviews.

The Author of this book is solely responsible and liable for its content including but not limited to the views, representations, descriptions, statements, information, opinions and references ["Content"]. The Content of this book shall not constitute or be construed or deemed to reflect the opinion or expression of the Publisher or Editor. Neither the Publisher nor Editor endorse or approve the Content of this book or guarantee the reliability, accuracy or completeness of the Content published herein and do not make any representations or warranties of any kind, express or implied, including but not limited to the implied warranties of merchantability, fitness for a particular purpose. The Publisher and Editor shall not be liable whatsoever for any errors, omissions, whether such errors or omissions result from negligence, accident, or any other cause or claims for loss or damages of any kind, including without limitation, indirect or consequential loss or damage arising out of use, inability to use, or about the reliability, accuracy or sufficiency of the information contained in this book.

Made with ♥ on the Notion Press Platform
www.notionpress.com

जेईई की तैयारी के दौरान अनुभव किए गए भावनात्मक संघर्षों को समर्पित।

क्रम-सूची

प्रस्तावना	vii
भूमिका	ix
पावती (स्वीकृति)	xi
आमुख	xiii
1. परिचय	1
2. सक्रिय सीखने की अवस्था	10
3. सूचना प्रसंस्करण मॉडल	17
4. चुनौतियां	21
5. समाधान	27
6. मानसिक पैटर्न्स	52
7. प्रशिक्षण कार्यक्रम	62
8. Contact Us:	63

• v •

प्रस्तावना

सामान्यतः छात्रों का "मन-मस्तिष्क तंत्र" कम विकसित होता है, जिसके कारण उनका सूचना प्रसंस्करण कौशल दुर्बल होता है।इसी कारण प्रतियोगी परीक्षाओ की तैयारी करने वाले अधिकतर छात्र,इन परीक्षाओ में असफल होते है मैंने अपने अनुभव से यह सीखा है कि "मन-मस्तिष्क तंत्र" विकसित करने के लिए एक पैटर्न है।इस पैटर्न का नियमित अभ्यास करके कोई भी छात्र अपने "मन-मस्तिष्क तंत्र" को विकसित कर सकता है

इस पुस्तक में हमने"मन-मस्तिष्क तंत्र" के पैटर्न को सीखने के लिए "माइंड ट्रेनिंग प्रोग्राम" की प्रकिर्या प्रदान करने का प्रयास किया है जिससे सामान्य छात्र अपने "मन-मस्तिष्क तंत्र" को शक्तिशाली बनाकर प्रतियोगी परीक्षाओं के अनुकूल सूचना प्रसंस्करण कौशल विकसित कर प्रतियोगी परीक्षाओ में सफलता प्राप्त करें ।

भूमिका

प्रतियोगी परीक्षाओं की तैयारी करना अत्यंत चुनौतीपूर्ण कार्य है। यह इतना सहज नहीं है कि केवल अध्ययन करने मात्र से आप प्रतियोगी परीक्षा में सफलता प्राप्त कर ले । इसमें छिपे हुए रहस्यमयी आयाम हैं जो सामान्यतः छात्रों को ज्ञात नहीं होते हैं।

यदि हम प्रतियोगी परीक्षाओं में सफल छात्रों का विश्लेषण करें तो सामान्यतः प्रेक्षित किया जाता है कि केवल वही छात्र प्रतियोगी परीक्षाओं में सफल हो पाते हैं जिनके माता-पिता ने कक्षा 5 या उससे पहले उनके "मन-मस्तिष्क तंत्र " को विकसित करने का कार्य प्रारम्भ कर दिया था. कक्षा १२ तक लगभग ७ वर्ष के अभ्यास से उनका "मन-मस्तिष्क तंत्र " अत्यंत शक्तिशाली हो जाता है तथा वे भावनात्मक रूप से अत्यंत दृढ होकर प्रतियोगी परीक्षाओ की तैयारी करते हैं,जबकि सामान्य छात्र दुर्बल "मन-मस्तिष्क तंत्र " के कारण केवल तैयारी करने का अभिनय करते है

सामान्यतः छात्र अध्ययन करना पसंद नहीं करते हैं। वे अध्ययन से बचना चाहते हैं, क्योंकि आम तौर पर वे केवल चेतन मन में स्थित जानकारी जानकारी में ही उलझे रहते है ।जबकी अध्ययन की प्रकिर्या में छिपे हुए अवचेतन मन तक पहुंचना होता है तथा जानकारी को चेतन मन से अवचेतन मन तक पहुँचाना होता है तथा इसे आवश्यकतानुसार,अवचेतन मन से चेतन मन तक पहुँचाना होता है . परन्तु ये कार्य कष्टदायक होता है तथा सामान्यतः छात्र का "मन-मस्तिष्क तंत्र" इस कष्ट से बचने हेतु "भगोड़ा मोड" को प्रारम्भ कर देता है तथा अध्ययन से बचने का कोई न कोई बहाना खोज लेता है,जिसके कारण छात्र मानसिक रूप से परीक्षा का अभ्यास नहीं करते है अपितु केवल औपचारिक रूप से पुस्तक खोलकर बैठ जातें हैं तथा आंतरिक रूप से हमेशा परीक्षा से भयभीत रहते है ऐसे छात्र कभी भी परीक्षा में सफल नहीं हो पाते तथा भगोड़ी मानसिकता के कारन जीवन में भी सामान्यतः असफल रहते है

परन्तु यदि हम छात्रों को धीरे-धीरे मजबूत इच्छा शक्ति के साथ भावनात्मक संघर्षों से निपटने के तरीके सीखने के लिए प्रशिक्षित कर सकते हैं तो धीरे-धीरे छात्र पढ़ाई के दौरान भावनात्मक संघर्षों को सहन करना सीख लेते है तथा सूचना प्रसंस्करण की एक प्रणाली विकसित कर, प्रतियोगी परीक्षाओं में सफलता प्राप्त कर सकते है

यह पुस्तक को लिखने का उद्देश्य एक छात्र के "मन-मस्तिष्क तंत्र " को शक्तिशाली बनाकर उसकी "सूचना प्रसंस्करण कौशल" विकसित करने का है जिससे वह तैयारी करने का अभिनय करने के स्थान पर, वास्तव में प्रतियोगी परीक्षा की तैयारी कर उसमे सफल हो.

पावती (स्वीकृति)

जीवन की चुनौतीपूर्ण परिस्थितियों का धन्यवाद,जिन्होंने मुझे प्रभावी सूचना प्रसंस्करण कौशल के माध्यम से प्रभावी सीखने की मौलिक अवधारणा पर काम करने के लिए प्रेरित किया,

आमुख

ब्रह्मांड को छिपे, रहस्यमयी नियमों द्वारा निर्देशित किया जा रहा है, बस नियमों को जाने तथा जीवन में उचित स्थान प्राप्त करें।

यदि आप अपने बच्चे को किसी **प्रतियोगी परीक्षा** में सफल होने की इच्छा रखते हैं, तो उसे केवल **शिक्षा प्रणाली में** नामांकित करना ही पर्याप्त नहीं है, आपको उस पर **व्यक्तिगत** ध्यान देना होगा और उसकी प्रगति की **स्वयं** जाँच करनी होगी।

अपने बच्चे के "**सूचना प्रसंस्करण कौशल**" के बारे में खुद को जांचें। बस उससे पूछें कि आपने आज क्या पढ़ा है तथा मौन रहकर उसकी प्रतिक्रियाओं का निरीक्षण करें। उसके चेहरे की प्रतिक्रियाओं को देखें कि क्या वह वास्तव में आपको उत्तर दे पाता है या घबरा जाता है, चिंतित हो जाता है तथा झूठी कहानियाँ बनाता है.

यदि आपके बच्चे में ये **लक्षण** हैं तो आपको उसे जागरूक करने के लिए एक **प्रणाली का पालन** करने की आवश्यकता है ,जिससे की आप उसको जीवन का यह **सत्य** समझा सकें कि दैनिक जीवन में कष्ट से **बचने** के लिए **झूठी** कहानियाँ बनाना ठीक हो सकता है परन्तु जब बात आपके कैरियर हेतु आवश्यक कौशलों की हो तो झूठी कहानियाँ बनाने का कोई लाभ नहीं है क्योंकि आपके करियर में, कोई भी आप क्या कहते है इससे **प्रभावित** नहीं होता अपितु आप किसी कार्य तो **कितनी दक्षता** से करते है इसके आधार पर आपका मूल्यांकन करता है

यह पुस्तक प्रतियोगी परीक्षाओं हेतु एक "**मन-मस्तिष्क तंत्र**" को विकसित का एक प्रयास है।

1
परिचय

1.1:प्रतियोगी परीक्षाएं:

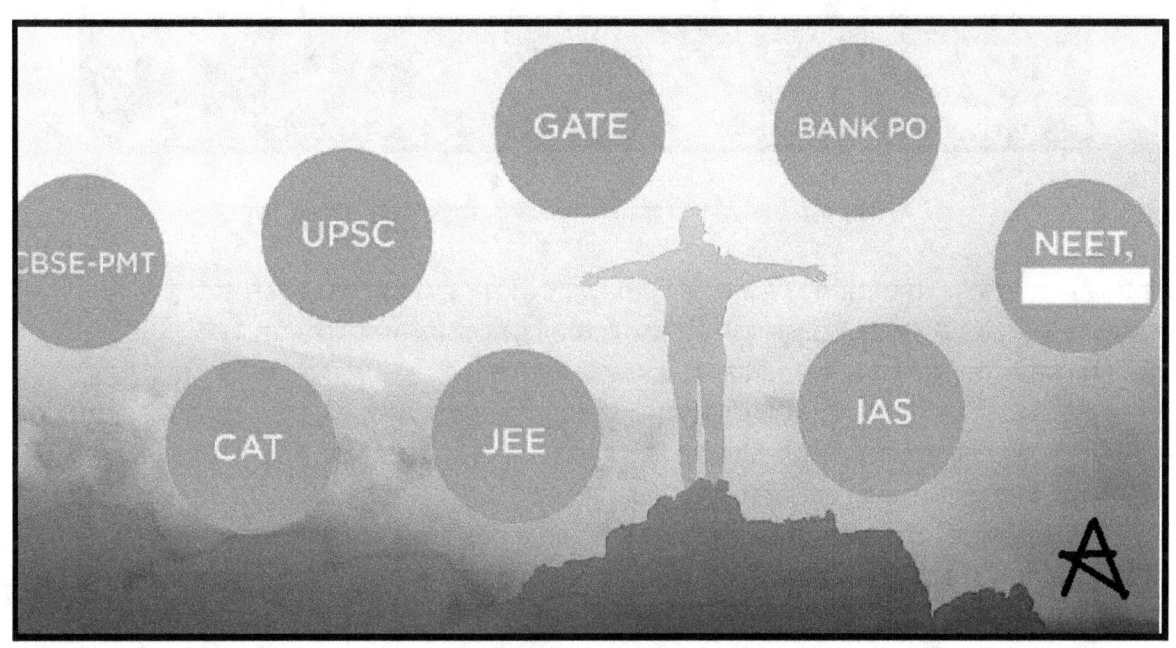

चित्र-1.1: भारत में प्रतियोगी परीक्षाएँ

हमारे देश में प्रति वर्ष प्रतियोगी परीक्षाएँ आयोजित की जाती हैं ताकि यह सुनिश्चित किया जा सके कि केवल प्रतिभाशाली युवा ही शीर्ष कॉलेजों या पदों तक पहुँचने में सक्षम हों और देश को एक विकसित राष्ट्र के लक्ष्य को प्राप्त करने के लिए नेतृत्व कर सकें। लेकिन इन परीक्षाओं में चयन दर बहुत कम है। उदाहरण: JEE/NEET में केवल लगभग 1.7 प्रतिशत छात्र ही प्रवेश पाने में सक्षम होते हैं, यही बात अन्य परीक्षाओ जैसे: CUET, UPSC, GATE, NDA, NTSE, KVPY आदि पर भी लागू होती है।

तो एक बात बहुत स्पष्ट है कि ये स्क्रीनिंग परीक्षाएं हैं जो "मन-मस्तिष्क तंत्र " का परीक्षण करने के लिए मनोवैज्ञानिक रूप से डिजाइन किए गए पैटर्न पर आधारित हैं, इसलिए इन परीक्षाओं को क्रैक करने के लिए इन प्रतियोगी परीक्षाओं के पैटर्न को सीखने पर ध्यान देना चाहिए।

1.2: प्रतियोगी परीक्षाओं में पैटर्न:

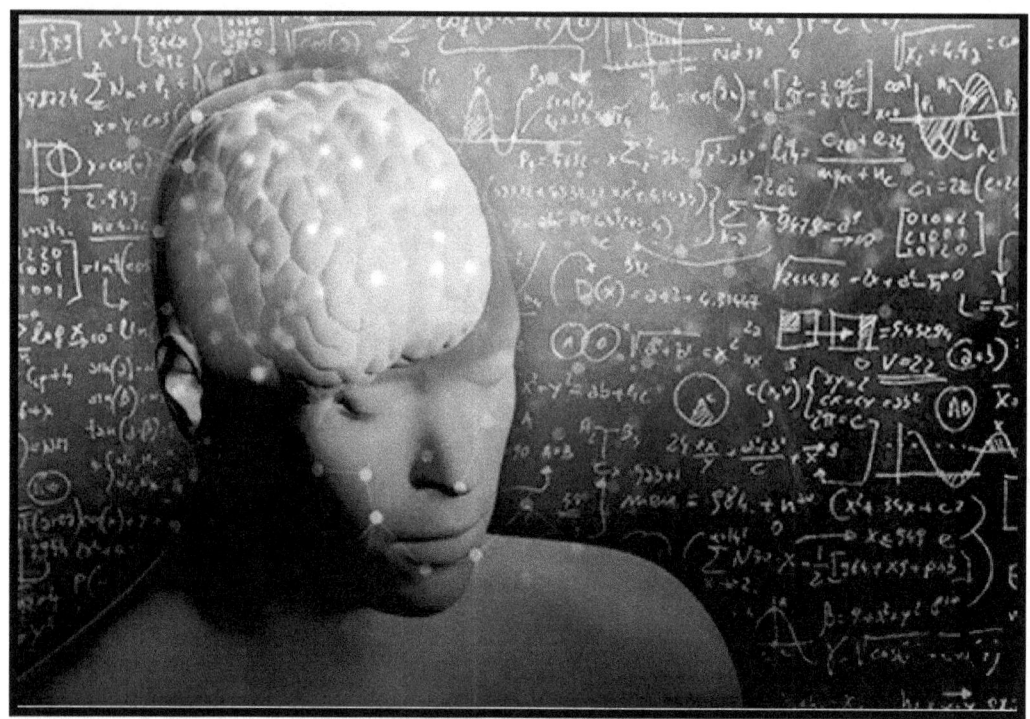

चित्र-1.2: एक प्रश्न को हल करने के लिए "माइंड पैटर्न" का उपयोग

प्रतियोगी परीक्षाएं, प्रश्नों या समस्याओं को हल करने के विषय में होती हैं। जब हम किसी प्रश्न को हल करते हैं तो हमारा "मन-मस्तिष्क तंत्र " एक निश्चित पैटर्न का पालन करता है:उदाहरण के लिए एक साधारण प्रश्न को हल करके शुरू करते हैं।

एक मिनट में कितने सेकंड होते हैं?हम में से अधिकांश 60 सेकंड के रूप में उत्तर को तत्काल बता सकते है

अब इस उत्तर को खोजने के लिए आपके "मन-मस्तिष्क तंत्र " द्वारा अपनाई गई प्रक्रिया पर ध्यान दें। आपको अवश्य ही यह महसूस हुआ होगा कि आपके भीतर एक सूचना प्रसंस्करण प्रणाली है जिसने अभी-अभी आपको उत्तर दिया है।

अब इस प्रश्न को थोड़ा जटिल बनाते हैं,एक घंटे में कितने सेकंड होते हैं?

यह प्रश्न पहले की तुलना में थोड़ा कठिन है। अब मुझे आशा है कि अधिकांश लोग एक एल्गोरिथ्म का उपयोग करेंगे और सेकंड, मिनट और घंटों के बीच के संबंध को जोड़ने का प्रयास करेंगे। अधिकांश लोगों ने 1 मिनट = 60 सेकंड, जैसे पैटर्न का उपयोग किया है। १ घंटा = 60 मिनट और इसलिए 1 घंटा = 60 मिनट = 60 * 60 सेकंड = 3600 सेकंड

इसी तरह प्रतियोगी परीक्षाओं में पूछे गए प्रश्नों को हल करने का एक पैटर्न होता है। जो लोग इस पैटर्न को सीखते हैं वे प्रतियोगी परीक्षाओं में सफल होते हैं जबकि जो पैटर्न को नहीं सीख पाते ,केवल जानकारी, विचारों, भावनाओं/ऊर्जा के साथ संघर्ष करते हैं और अंत में एक अनुत्पादक मानव संसाधन के रूप में समाप्त हो जाते हैं।

इसलिए प्रतियोगी परीक्षाओं में सफलता के लिए के लिए मानसिक पैटर्न को सीखना आवश्यक है।

इसलिए हम प्रतियोगी परीक्षाओं के लिए मानसिक पैटर्न सीखने के लिए 21 दिनों का एक प्रशिक्षण कार्यक्रम प्रदान करते हैं ताकि छात्र केवल मात्र औपचारिक तैयारी करने के स्थान पर ,वास्तव में प्रतियोगी परीक्षाओं की मानसिक रूप से तैयारी करें|

1.3: हमारा "मन-मस्तिष्क तंत्र":

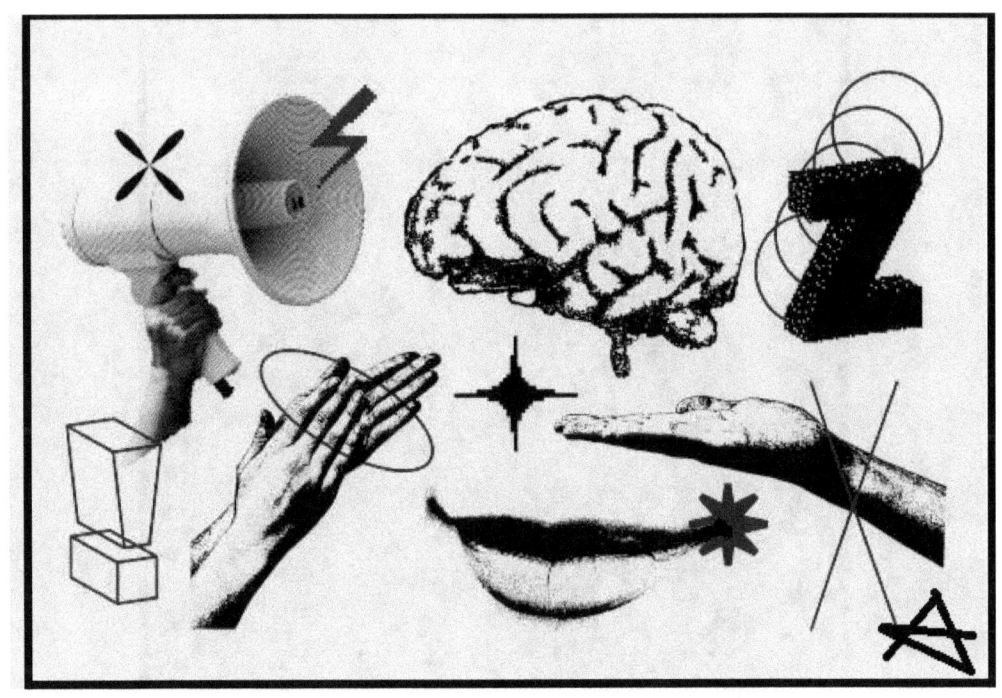

चित्र-1.3: हमारा "मन-मस्तिष्क तंत्र"

हमारा "मन-मस्तिष्क तंत्र" एक पैटर्न का पालन करके हमारी 5 इंद्रियों से जानकारी प्राप्त करता है और प्रसंस्करण करता है। इसी तरह जब कोई छात्र प्रतियोगी परीक्षाओं की तैयारी करता है तो उसका "मन-मस्तिष्क तंत्र" एक निश्चित पैटर्न का पालन करता है।

चित्र-1.4: सूचना का मानचित्रण करने के लिए मनुष्य द्वारा मानसिक पैटर्न का उपयोग

1.4: मानव "मस्तिष्क":

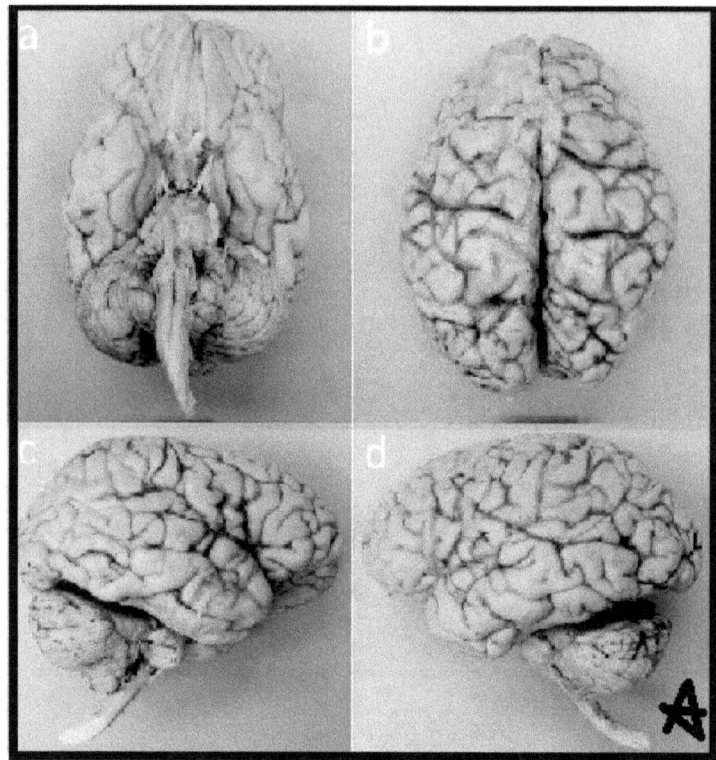

चित्र-1.5: मानव मस्तिष्क

मानव मस्तिष्क कई विशिष्ट क्षेत्रों से बना है जो एक साथ काम करते हैं:
• कॉर्टेक्स मस्तिष्क की कोशिकाओं की सबसे बाहरी परत है। कॉर्टेक्स में सोच और स्वैच्छिक आंदोलनों की शुरुआत होती है।
• मस्तिष्क का तना रीढ़ की हड्डी और मस्तिष्क के बाकी हिस्सों के बीच होता है। सांस लेने और सोने जैसे बुनियादी कार्यों को यहां नियंत्रित किया जाता है।
• बेसल गैन्ग्लिया मस्तिष्क के केंद्र में संरचनाओं का एक समूह है। बेसल गैन्ग्लिया कई अन्य मस्तिष्क क्षेत्रों के बीच संदेशों का समन्वय करता है।
• अनुमस्तिष्क मस्तिष्क के आधार और पीछे होता है। सेरिबैलम समन्वय और संतुलन के लिए जिम्मेदार है।

मस्तिष्क को भी कई पालियों में बांटा गया है:
• ललाट लोब समस्या समाधान और निर्णय और मोटर कार्य के लिए जिम्मेदार हैं।
• पार्श्विका लोब संवेदना, लिखावट और शरीर की स्थिति का प्रबंधन करते हैं।
• टेम्पोरल लोब स्मृति और श्रवण से जुड़े होते हैं।
• पश्चकपाल पालियों में मस्तिष्क की दृश्य प्रसंस्करण प्रणाली होती है।

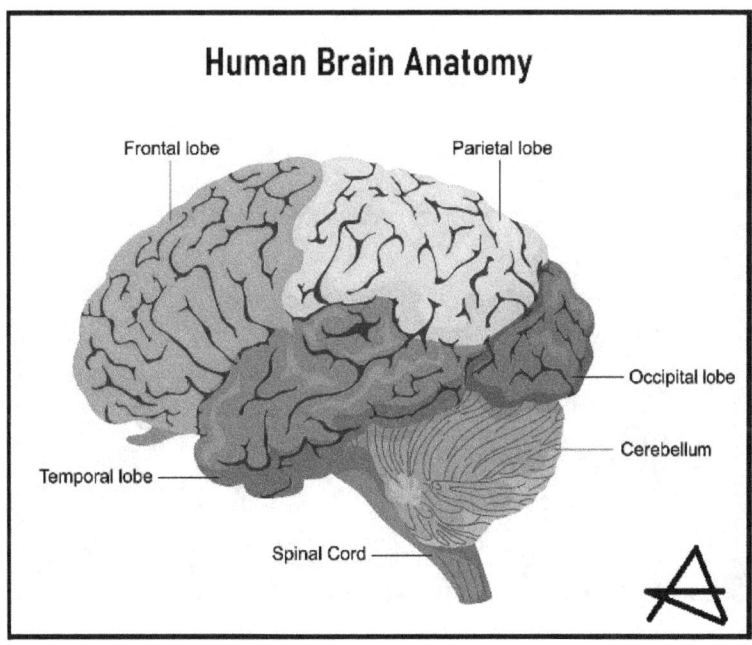

चित्र-1.6: मानव मस्तिष्क रचना

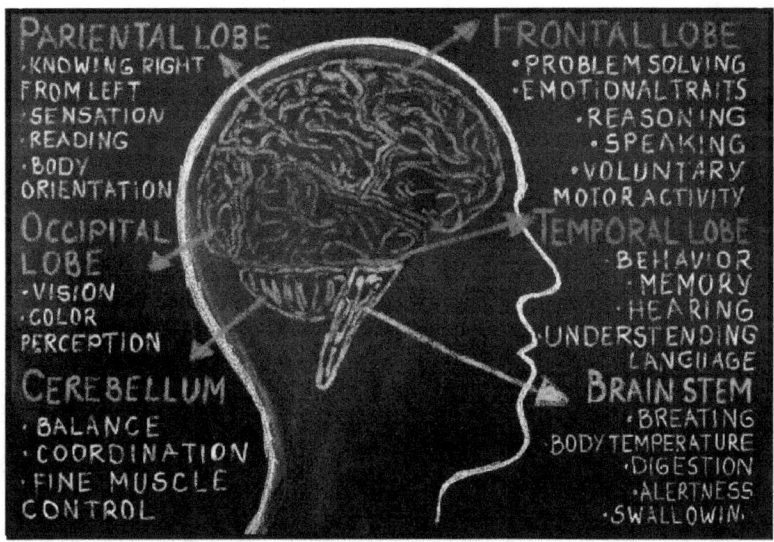

चित्र-1.7: मस्तिष्क के विभिन्न भाग

1.4: मानव मन:

सिगमंड फ्रायड के मनोविश्लेषणात्मक सिद्धांत के अनुसार, मानव मन को एक हिमशैल के संदर्भ में समझाया जा सकता है जिसमें शामिल हैं:

1. अचेतन मन
2. पूर्व-चेतन / उप-चेतन मन
3. चेतन मन

चित्र-1.8: मानव मन

1923 में, फ्रायड ने मन का मॉडल बनाया जो आज भी इस्तेमाल किया जाता है। उन्होंने अचेतन, अचेतन और चेतन मन को विस्तृत किया, साथ ही इड,ईगो,सुपर-ईगो को शामिल करने वाले एक सिद्धांत को विकसित किया।

1.अचेतन मन:

अचेतन मन में ऐसे विचार और भावनाएँ होती हैं जिन तक हम आसानी से नहीं पहुँच सकते। दूसरे शब्दों में, अचेतन विचार और इच्छाएँ हमारे व्यवहार को संचालित करती हैं।मन के इस हिस्से में अवांछित ड्राइव, वृत्ति, दमित आघात और दर्दनाक भावनाएं भी होती हैं। एक तरह से यह इन बातों को चेतन मन में प्रवेश करने से रोकता है।

इसे सभी विचारों, यादों और ज्ञान के लिए एक भंडारण कंटेनर के रूप में सोचें जो अब किसी काम का नहीं है।

2. पूर्व-चेतन/ उप-चेतन मन:

अचेतन, जिसे अवचेतन के रूप में भी जाना जाता है, वह स्थान है जहाँ हमारी दीर्घकालिक यादें संग्रहीत होती हैं। यह उन सभी मानसिक प्रक्रियाओं को धारण करता है जिनके बारे में हमें वर्तमान में जानकारी नहीं है लेकिन आसानी से चेतना में वापस लाया जा सकता है।

3.चेतन मन:

चेतन वह स्थान है जहाँ हमारे वर्तमान विचार और भावनाएँ निवास करती हैं। यह वह सब कुछ है जिसके बारे में आप जानते हैं और अल्पकालिक स्मृति से संबंधित है। दिमाग का यह हिस्सा तार्किक और आलोचनात्मक सोच को भी नियंत्रित करता है।

1.5: द माइंड मैपिंग:

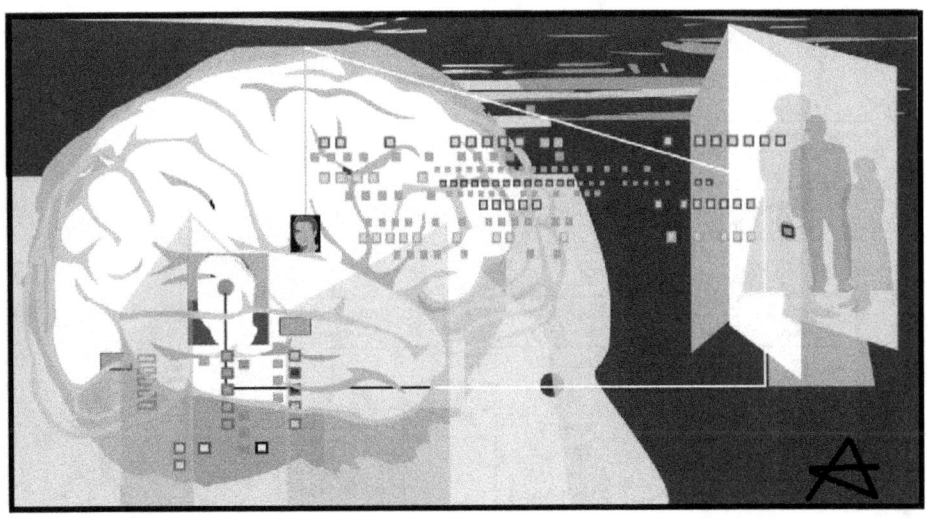

चित्र-1.9: चेतन और अचेतन मन को जोड़ने के मन के पैटर्न

एक गहरी सांस लें और यह सोचने की कोशिश करें कि आपने आज क्या किया। आप अपने साथ हुई अधिकांश घटनाओं को ठीक से याद रख सकते हैं, इसलिए हमारे अंदर एक मेमोरी कार्ड है जो हमारे साथ होने वाली हर चीज को रिकॉर्ड कर रहा है। हम चाहकर भी इसमें हेरफेर नहीं कर सकते।

इसलिए हम कह सकते हैं कि हमारे भीतर एक प्राकृतिक सूचना रिकॉर्डर है जो चेतन से अचेतन मन तक की जानकारी को मैप करता है। यही पर उस रहस्य की कुंजी है जो सफल छात्रों को असफल छात्रों से पृथक करती है तथा वह रहस्य है चेतन मन को अवचेतन मन से जोड़ने की कला.

चेतन और अचेतन मन को जोड़ने के लिए एक पैटर्न है। जो छात्र इस पैटर्न को जानते हैं वे अपनी परीक्षा में प्रश्नों को हल करने में सक्षम होते हैं। जबकि जो छात्र इस पैटर्न को नहीं जानते हैं वे अपने अचेतन मन से जानकारी प्राप्त करने में असमर्थ होते हैं ।

इसलिए प्रतियोगी परीक्षाओं की तैयारी में मूल रहष्य चेतन और अचेतन मन को जोड़ने का पैटर्न है।

1.6: सूचना प्रसंस्करण सिद्धांतः

एटकिंसन और शिफरीन का चरण सिद्धांतः

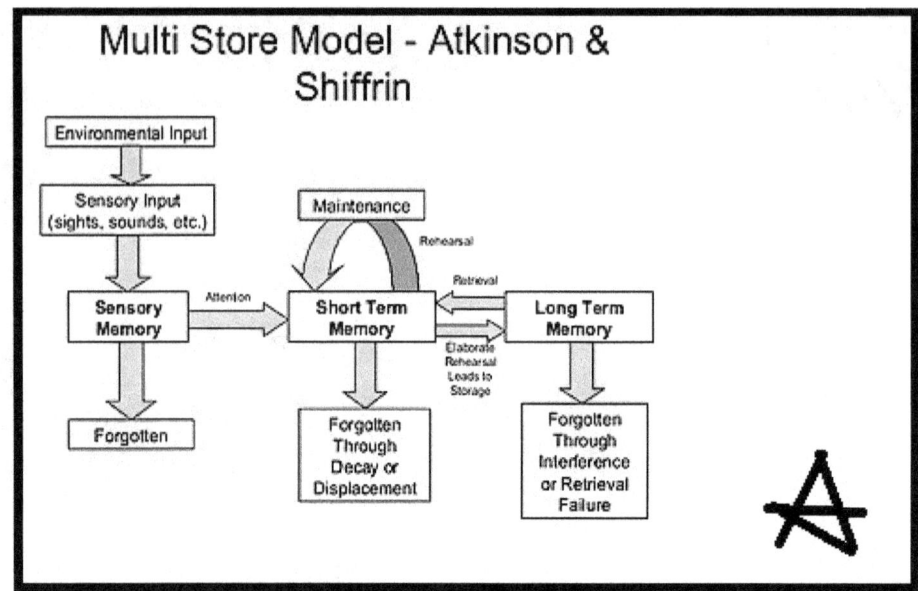

चित्र-1.10: एटकिंसन और शिफ्रिन मॉडल

यह सिद्धांत एटकिंसन और शिफरीन द्वारा पेश किया गया था और बाद में अन्य शोधकर्ताओं द्वारा संशोधित किया गया था लेकिन चरण सिद्धांत की मूल रूपरेखा सूचना प्रसंस्करण सिद्धांत की आधारशिला बनी हुई है। यह मॉडल इस बात से संबंधित है कि स्मृति में जानकारी कैसे संग्रहीत की जाती है और तीन चरणों का एक क्रम प्रस्तुत करता है, जो इस प्रकार है:

संवेदी स्मृति - संवेदी स्मृति में वह सब शामिल होता है जो हम अपनी इंद्रियों के माध्यम से ग्रहण करते हैं। इस प्रकार की स्मृति अत्यधिक संक्षिप्त होती है, केवल 3 सेकंड तक चलती है। किसी चीज़ को संवेदी स्मृति में प्रवेश करने के लिए, व्यक्ति को उस पर ध्यान देना होगा। संवेदी स्मृति पर्यावरण में जानकारी के हर टुकड़े में शामिल नहीं हो सकती है, इसलिए यह जो अप्रासंगिक लगता है उसे फ़िल्टर करता है और केवल वही भेजता है जो अगले चरण, अल्पकालिक स्मृति के लिए महत्वपूर्ण लगता है। वह जानकारी जिसके अगले चरण तक पहुँचने की सबसे अधिक संभावना है, या तो दिलचस्प है या परिचित है।

शॉर्ट-टर्म मेमोरी / वर्किंग मेमोरी - एक बार जानकारी शॉर्ट-टर्म मेमोरी तक पहुंच जाती है, जिसे वर्किंग मेमोरी भी कहा जाता है, इसे और फ़िल्टर किया जाता है। एक बार फिर, इस प्रकार की स्मृति लंबे समय तक नहीं टिकती, केवल लगभग 15 से 20 सेकंड। हालाँकि, यदि जानकारी दोहराई जाती है, जिसे अनुरक्षण पूर्वाभ्यास कहा जाता है, तो इसे 20 मिनट तक संग्रहीत किया जा सकता है। जैसा कि मिलर द्वारा देखा गया है, कार्यशील मेमोरी की क्षमता सीमित है, इसलिए यह एक समय में केवल एक निश्चित संख्या में सूचनाओं को संसाधित कर सकती है। कितने टुकड़ों पर सहमति नहीं है, हालांकि कई अभी भी मिलर को पांच से नौ के रूप में संख्या की पहचान करने की ओर इशारा करते हैं।

ऐसे कई कारक हैं जो कार्यशील मेमोरी में क्या और कितनी जानकारी संसाधित करेंगे, इस पर प्रभाव डालेंगे। संज्ञानात्मक भार क्षमता एक व्यक्ति की संज्ञानात्मक क्षमताओं, संसाधित की जा रही जानकारी की मात्रा और ध्यान केंद्रित करने और ध्यान देने की क्षमता के आधार पर एक व्यक्ति से दूसरे व्यक्ति और पल-पल में भिन्न होती है। साथ ही, जानकारी जो परिचित है और अक्सर दोहराई गई है, उसे उतनी संज्ञानात्मक क्षमता की आवश्यकता नहीं होती है और इसलिए, प्रक्रिया करना आसान होगा। उदाहरण के लिए, यदि आपने इन कार्यों को कई बार किया है, तो बाइक चलाना या कार चलाना कम से कम संज्ञानात्मक भार लेता है। अंत में, लोग उस जानकारी पर अधिक ध्यान देंगे जो उन्हें लगता है कि महत्वपूर्ण है, ताकि जानकारी संसाधित होने की अधिक संभावना हो। उदाहरण के लिए, यदि कोई छात्र किसी परीक्षा की तैयारी कर रहा है, तो उसके परीक्षा में आने वाली जानकारी पर ध्यान देने की संभावना अधिक होती है और वह उस जानकारी को भूल जाता है जिसके बारे में उसे विश्वास नहीं होता कि उसके बारे में पूछा जाएगा।

दीर्घकालीन स्मृति — यद्यपि अल्पकालिक स्मृति की क्षमता सीमित होती है, दीर्घकालीन स्मृति की क्षमता असीमित मानी जाती है। कई अलग-अलग प्रकार की सूचनाओं को दीर्घकालिक स्मृति में एन्कोड और व्यवस्थित किया जाता है: घोषणात्मक जानकारी, जो ऐसी जानकारी है जिस पर तथ्यों, अवधारणाओं और विचारों (सिमेंटिक मेमोरी) और व्यक्तिगत अनुभवों (एपिसोडिक मेमोरी) पर चर्चा की जा

सकती है; प्रक्रियात्मक जानकारी, जो इस बारे में जानकारी है कि कार कैसे चलाएं या अपने दाँत ब्रश करें; और इमेजरी, जो मानसिक चित्र हैं।

इसलिए हम कह सकते हैं कि सूचना प्रसंस्करण सिद्धांत द्वारा भविष्यवाणी की गई सूचना को संसाधित करने के लिए हमारा "मन-मस्तिष्क तंत्र" एक पैटर्न का उपयोग करता है। वे छात्र जो जानकारी को प्रभावी ढंग से संसाधित करने में सक्षम हैं, अन्य छात्रों की तुलना में बेहतर प्रदर्शन करते हैं।

ये छात्र वास्तव में निष्क्रिय सीखने के बजाय सक्रिय सीखने के माध्यम से सीखते हैं जिसमें वे केवल जानकारी लिखने के बजाय सीखने में संलग्न होते हैं।

आइए अगले अध्याय में सक्रिय शिक्षण के बारे में चर्चा करें।

2
सक्रिय सीखने की अवस्था

2.1: सामान्य मन की स्थिति:

चित्र-1.11: निष्क्रिय अधिगम अवस्था में एक सामान्य छात्र

सामान्यतः एक छात्र मानसिक रूप से एक निष्क्रिय सीखने की स्थिति में होता है। वह कल्पनाओं, विचारों या मन की किसी प्रकार की अवास्तविक स्थिति में फंस जाता है। जिसके कारण वह प्रभावी ढंग से सीख नहीं पाता है और परीक्षा के दौरान प्रभावी ढंग से जानकारी प्राप्त नहीं कर पाता है।

प्रभावी ढंग से सीखने के लिए मन की स्थिति को बदलने की कला आवश्यक है। विशेष रूप से "मस्तिष्क तरंगो के परिवर्तन की कला"। प्रयोगो द्वारा यह सिद्ध हुआ है कि प्रभावी सीखने और समस्या को हल करने के लिए हमें थीटा से बीटा आवृत्ति तक ब्रेनवेव आवृत्तियों को संशोधित करने की आवश्यकता है।

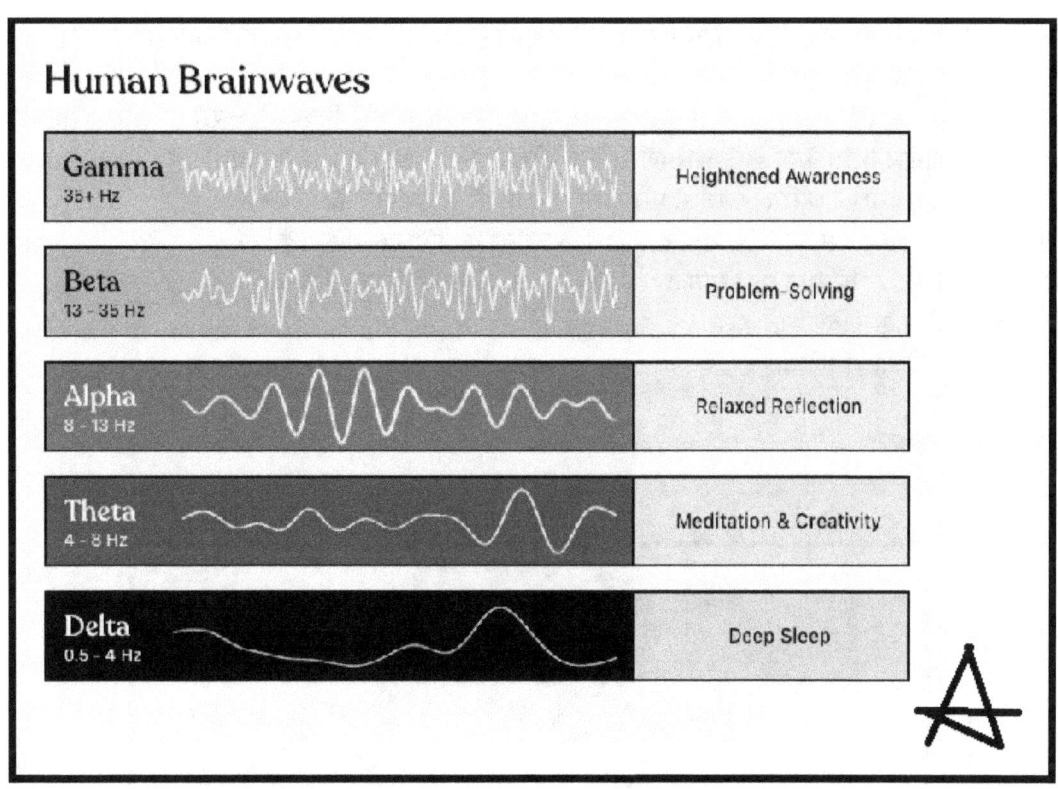

चित्र-1.12: प्रभावी सीखने के लिए ब्रेनवेव फ्रीक्वेंसी बढ़ाएं

2.2: सक्रिय सीखने के तरीके:

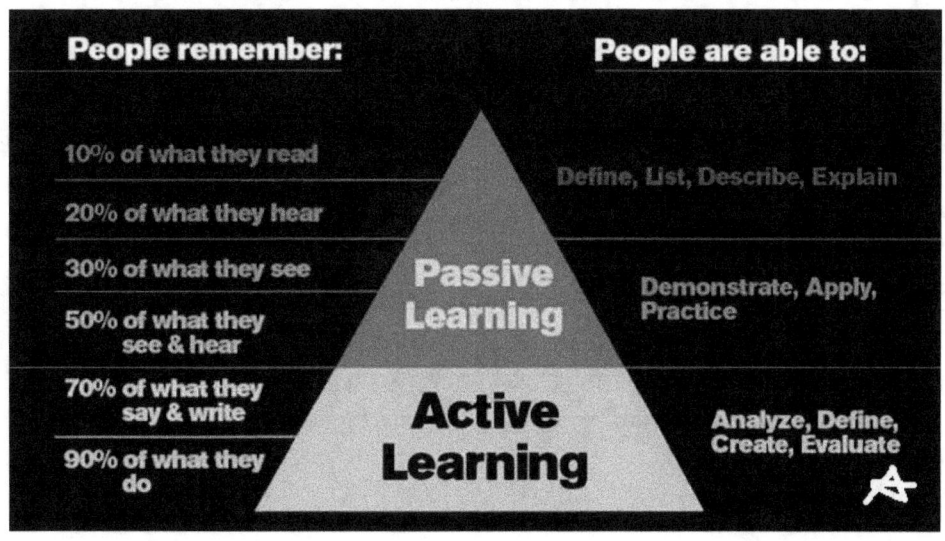

चित्र-1.13: सक्रिय अधिगम

ये विधियाँ छात्रों को एक सहज प्रक्रिया और सोच, चर्चा, जाँच और निर्माण के रूप में सीखने में शामिल होने के द्वारा सीखने में संलग्न होने की अनुमति देती हैं।छात्र सीखने की वास्तविक प्रक्रिया का अभ्यास करते हैं,सुचना प्रसंस्करण कौशल विकसित करते हैं, जटिल समस्याओं और उनके समाधान तैयार करते है

छात्र सीखने की वास्तविक प्रक्रिया का अभ्यास करते हैं,सुचना प्रसंस्करण कौशल विकसित करते हैं, जटिल समस्याओं और उनके समाधान तैयार करते है सीखने की प्रक्रिया का विश्लेषण सक्रिय सीखने की प्रक्रिया के लिए महत्वपूर्ण है। प्रयोगो द्वारा ज्ञातहुआ है कि कक्षाओं में सक्रिय शिक्षण विधियों को शामिल करने से परिणामों में लगातार सुधार होता है।

इसलिए हम यह निष्कर्ष निकाल सकते हैं कि सक्रिय सीखने के तरीकों की मौलिक प्रकिर्या है कि:

1. अतीत या भविष्य के बजाय वर्तमान पर ध्यान दें:
2. सोचो, विश्लेषण करो, मॉडल विकसित करो:
3. आउटपुट का मूल्यांकन या प्रतिक्रिया:

2.3: सक्रिय सीखने के लाभ:

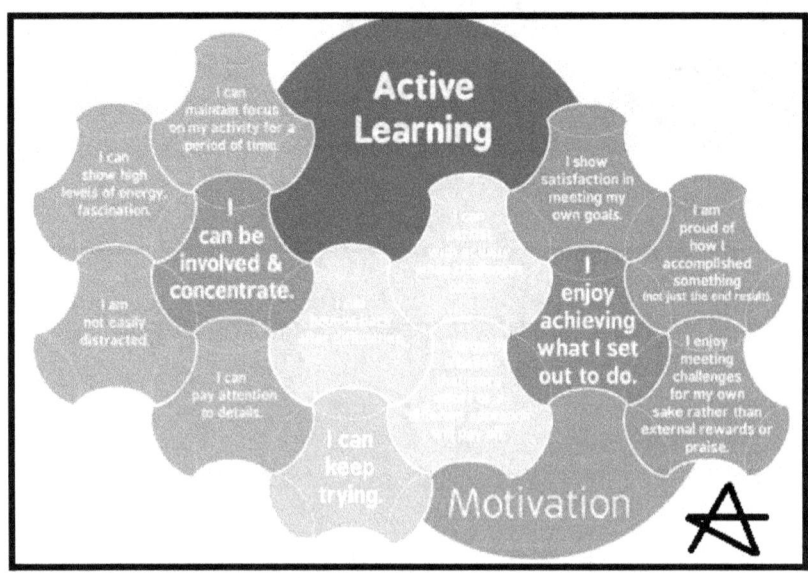

चित्र-1.14: सक्रिय सीखने के लाभ

सक्रिय शिक्षण उत्पादकता को बढ़ाता है और एक छात्र को एक प्रभावी मानव संसाधन के रूप में खुद को विकसित करने में सक्षम बनाता है|

1. यह वास्तविक दुनिया की समस्या को सुलझाने के कौशल के क्रमिक विकास को प्रोत्साहित करता है
2. यह छात्रों को उनके एकीकृत सूचना प्रसंस्करण कौशल विकसित करने के लिए प्रेरित करता है
3. यह छात्रों में आत्मविश्वास विकसित करने के मार्ग की पड़ताल करता है
4. यह छात्रों को यह सीखने के लिए प्रेरित करता है कि कैसे जोखिम उठाना है और आत्मविश्वास का निर्माण करना है
5. यह रचनात्मक सोच कौशल विकसित करने के लिए छात्रों को उत्तेजित करता है
6. यह छात्रों को उनकी क्षमताओं के अनुसार अनुकूलित सीखने के लिए मार्गदर्शन करता है

2.4: सक्रिय रूप से सीखना कैसे प्रारंभ करें :

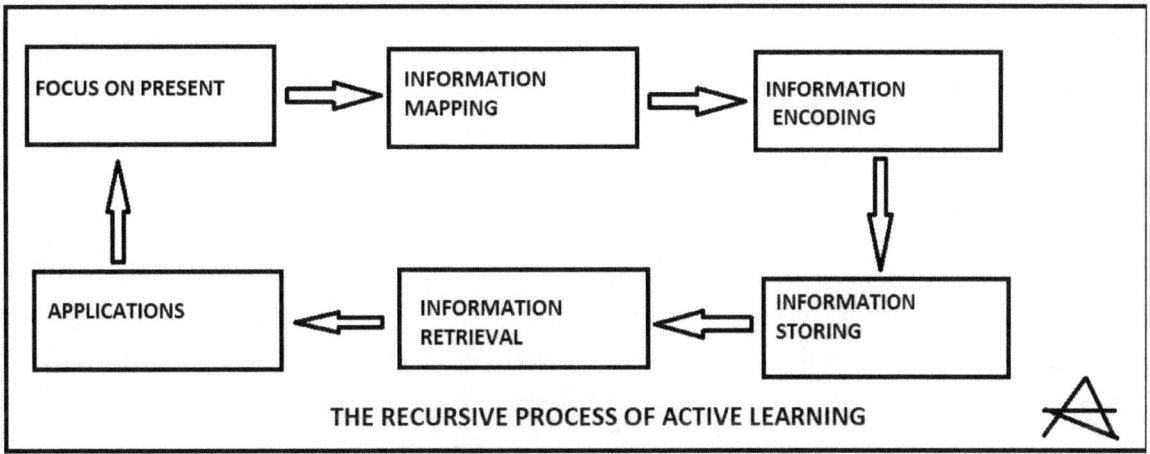

चित्र-1.15: सक्रिय रूप से सीखने के चरण

जैसा कि पहले बताया गया है कि सामान्य रूप से एक छात्र बंदर मन या अस्थिर मन की स्थिति में होता है। वह अपने "मन-मस्तिष्क तंत्र" में उपस्थित विभिन्न विचारों और भावनाओं पर प्रतिक्रिया करता है, इस मन की स्थिति में एक छात्र कुछ भी नहीं सीख सकता है क्योंकि वह विभिन्न विचारों और भावनाओं के मध्य उलझा हुआ होता है.

अतःसक्रिय रूप से सीखने में पहला कदम अस्थिर विचार पैटर्न को स्थिर विचार पैटर्न में बदलना है। इसके लिए छात्रों को वर्तमान पर ध्यान केंद्रित करना चाहिए और ब्रेनवेव फ्रीक्वेंसी को बढ़ाना चाहिए जब ब्रेनवेव फ्रीक्वेंसी बीटा में बदल जाती है तो विचार पैटर्न अस्थिर से स्थिर में बदल जाता है और छात्र आगे सक्रिय सीखने के लिए प्रशिक्षित हो सकते हैं।

इसलिए सक्रिय सीखने के विभिन्न चरण इस प्रकार हो सकते हैं-

1. वर्तमान पर ध्यान केंद्रित करना:

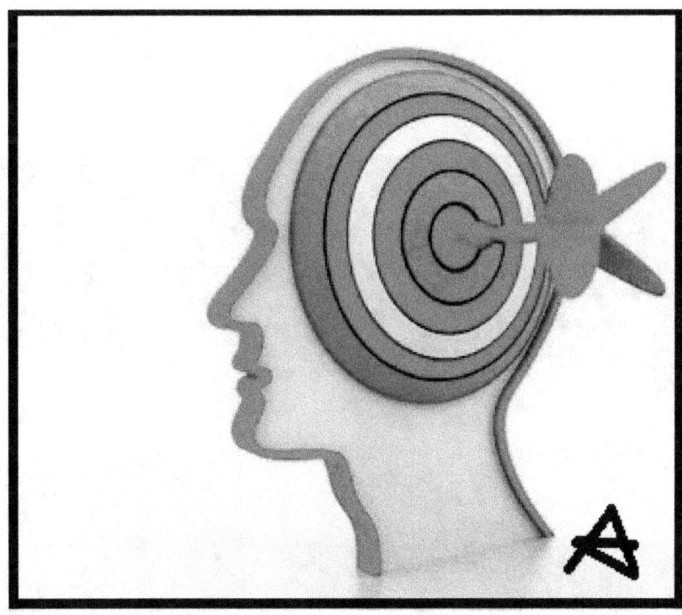

चित्र-1.16: वर्तमान पर ध्यान केंद्रित करना:

वर्तमान पर ध्यान केंद्रित करने के लिए एक सरल अभ्यास से शुरू करें। पहले अपने दाहिने कान पर ध्यान केंद्रित करने की कोशिश करें, फिर बाएं कान पर। इसी तरह पहले अपनी दाहिनी आंख से देखें फिर बाईं आंख से। यह तकनीक मूल रूप से आपको संवेदी स्मृति पर केंद्रित

कर रही है जो कि हमारे "मन-मस्तिष्क तंत्र " की पहली स्मृति परत है

2. सूचना मानचित्रण:

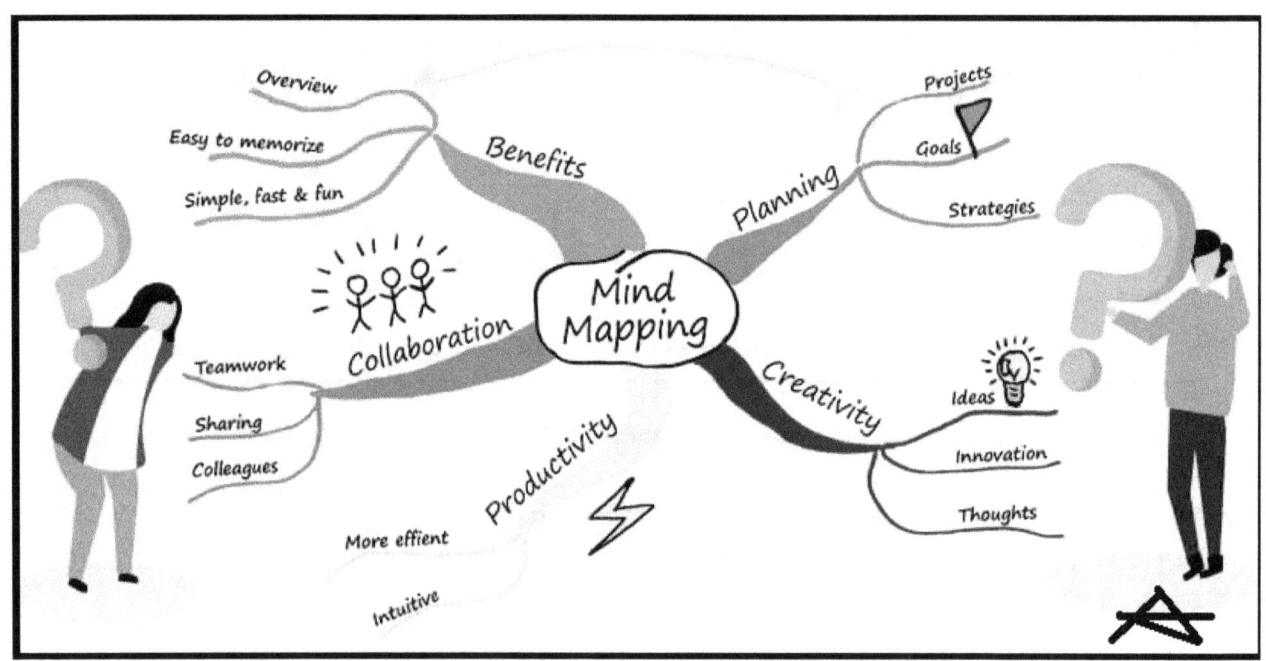

चित्र-1.17: सूचना मानचित्रण

ध्यान केंद्रित करने के बाद अगला कार्य हमारे "माइंड-ब्रेन सिस्टम" में पहले से मौजूद जानकारी के साथ नई जानकारी को मैप करना है। यह एक चुनौतीपूर्ण कार्य है और इसे सावधानी से और धीरे-धीरे संसाधित किया जाना चाहिए ताकिआप पहले से मौजूद जानकारी के साथ नई जानकारी को मैप करने में सक्षम हैं।

3. सूचना एन्कोडिंग: सूचना मानचित्रण के बाद अगला कार्य सूचना एन्कोडिंग है। नई जानकारी को किसी अन्य प्रारूप में किसी प्रकार के आकर्षण या भावनाओं से युक्त करने के लिए एक पैटर्न है, जो हमारी बाहरी दुनिया से प्राप्त जानकारी को हमारी आंतरिक दुनिया से जोड़ने के लिए गोंद की तरह काम करता है।

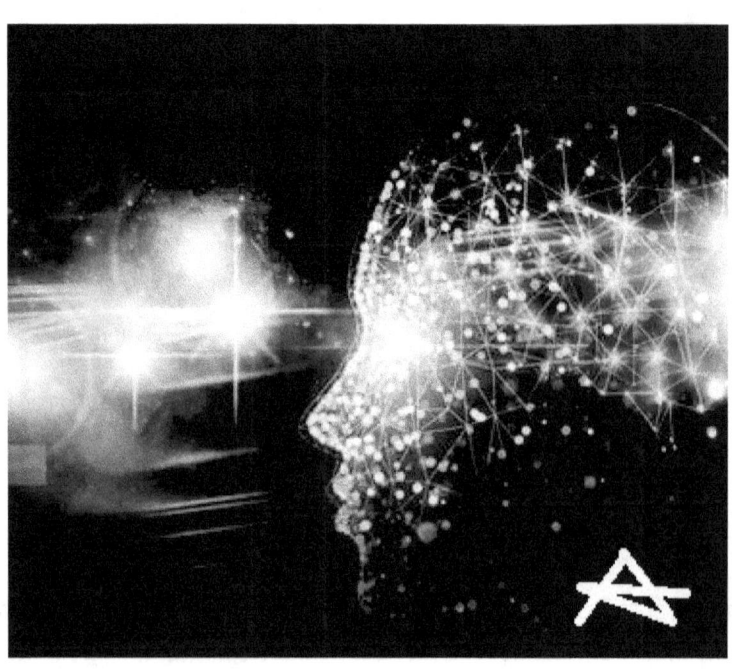

चित्र-1.18:सूचना एन्कोडिंग

4. सूचना भंडारण:अगला कार्य आपके "मन-मस्तिष्क तंत्र "में सूचनाओं का भंडारण करना है। सूचनाओं का भंडारण एक महत्वपूर्ण कदम है क्योंकि यह सूचना प्रसंस्करण का आधार बनता है जो हमारे अपने अस्तित्व का उद्देश्य है।

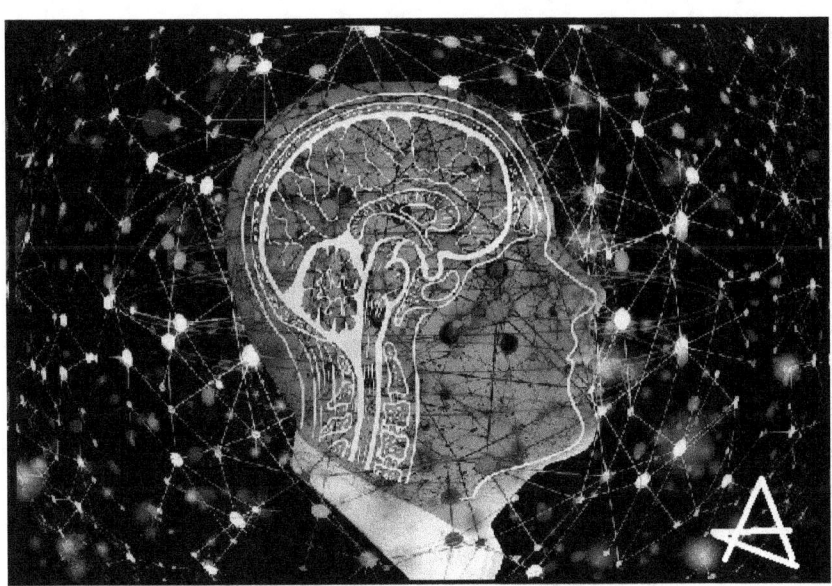

चित्र-1.19: सूचना भंडारण:

5. सूचना पुनर्प्राप्ति की प्रकिर्याः

चित्र-1.20: सूचना पुनर्प्राप्ति की प्रकिर्या

सफल तथा असफल छात्रों के परिणामो के अंतर का मौलिक कारण सूचना पुनर्प्राप्ति की प्रकिर्या है.सफल छात्र अवचेतन मन से जानकारी को पुनः प्राप्त करने में सक्षम होते है जबकि असफल छात्र इस प्रकिर्या में सक्षम नहीं होते है।

3

सूचना प्रसंस्करण मॉडल

3.1: मल्टी स्टोर मॉडल और वर्किंग मेमोरी मॉडल:

सूचना प्रसंस्करण के मॉडल विकसित करने के विभिन्न प्रयास हैं। एटकिंसन और शिफ्रिन द्वारा दो सबसे लोकप्रिय मल्टी-स्टोर मॉडल और बैडले और हिच द्वारा कार्यशील मेमोरी मॉडल हैं।

3.2: एटकिंसन और शिफरीन मॉडल:

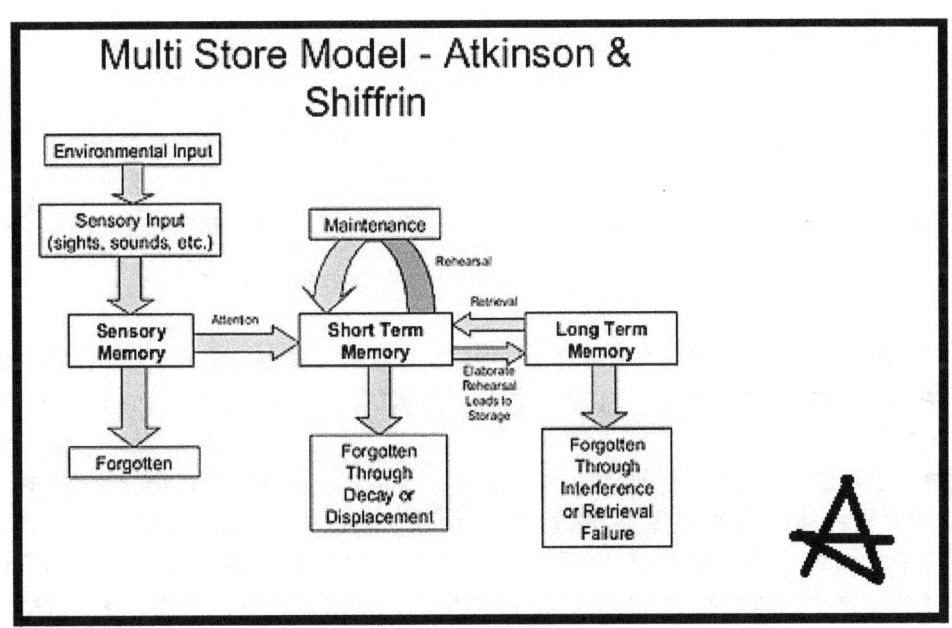

चित्र-1.21: एटकिंसन और शिफरीन मॉडल

जॉन विलियम एटकिंसन और रिचर्ड शिफरीन ने 1968 में मानव स्मृति (एटकिंसन और शिफरीन, 1977) के अपने दृष्टिकोण को स्पष्ट करने के लिए मल्टी-स्टोर मॉडल का प्रस्ताव रखा। मॉडल मानव स्मृति के तीन उपखंडों को दिखाता है और वे एक साथ कैसे काम करते हैं।

तो, सूचना प्रसंस्करण के 3 चरण क्या हैं? वे इस प्रकार हैं:

संवेदी स्मृति - यह वह जानकारी रखती है जिसे मन विभिन्न इंद्रियों जैसे दृश्य, घ्राण, या श्रवण जानकारी के माध्यम से अनुभव करता है। इन ज्ञानेन्द्रियों को प्राय: हर समय उत्तेजनाओं की झड़ी लगती रहती है। हालांकि, अभिभूत होने से बचाने के लिए अधिकांश को अनदेखा कर दिया जाता है और मन द्वारा भुला दिया जाता है। जब संवेदी जानकारी संलग्न होती है और मन का ध्यान आकर्षित करती है, तो इसे

अल्पकालिक स्मृति में स्थानांतरित कर दिया जाता है।

शॉर्ट-टर्म मेमोरी (वर्किंग मेमोरी) - शॉर्ट-टर्म मेमोरी में सूचना केवल 30 सेकंड के आसपास रहती है। संज्ञानात्मक क्षमता प्रभावित करती है कि व्यक्ति कार्यशील स्मृति में जानकारी को कैसे संसाधित करते हैं। इसके अतिरिक्त, सबसे महत्वपूर्ण जानकारी पर ध्यान और फोकस भी इसे दीर्घकालिक स्मृति में एन्कोड करने में महत्वपूर्ण भूमिका निभाते हैं। इसके अलावा, दोहराव लंबे समय तक विवरण याद रखने की क्षमता में महत्वपूर्ण रूप से मदद करता है।

दीर्घकालिक स्मृति - ऐसा माना जाता है कि दीर्घकालिक स्मृति में असीमित मात्रा में स्थान होता है क्योंकि यह बाद में पुनः प्राप्त करने के लिए बहुत समय पहले की यादों को संग्रहीत कर सकता है। दीर्घावधि स्मृति में सूचनाओं को संग्रहीत करने के लिए विभिन्न विधियों का उपयोग किया जाता है जैसे पुनरावृत्ति, सूचना को जोड़ना, सूचना को सार्थक अनुभव या अन्य जानकारी से संबंधित करना और सूचना को छोटे-छोटे टुकड़ों में तोड़ना।

3.3: कार्यशील स्मृति का बैडले और हिच मॉडल:

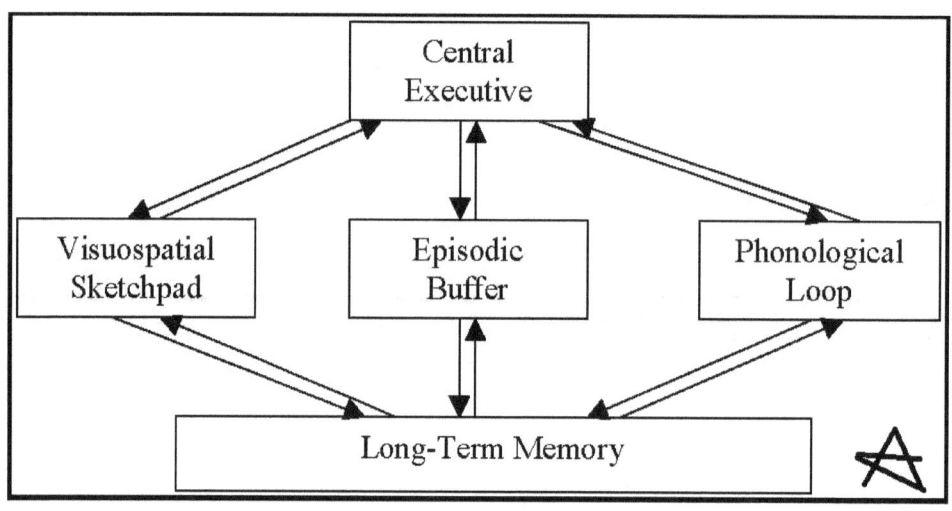

चित्र-1.22: बैडली और हिच मॉडल ऑफ़ वर्किंग मेमोरी

एलन बैडले और ग्राहम हिच ने 1974 में कार्यशील स्मृति के मॉडल का प्रस्ताव रखा। उन्होंने मन की गहन समझ प्रदान की और यह जानकारी को कैसे संसाधित करता है। सूचना प्रसंस्करण सिद्धांत (गोल्डस्टीन एंड मैकवेन, 2005) को और स्पष्ट करने के लिए चार और तत्व जोड़े गए हैं, अर्थात्:

केंद्रीय कार्यपालिका - इसे दिमाग का नियंत्रण केंद्र माना जाता है जहां विभिन्न मेमोरी स्टोर्स के बीच सूचना प्रक्रियाओं को विनियमित किया जाता है। यह उन संज्ञानात्मक प्रक्रियाओं को नियंत्रित और कार्यान्वित करता है जो जानकारी को एन्कोड और पुनर्प्राप्त करती हैं। इसके अतिरिक्त, केंद्रीय कार्यकारिणी विजुस्पेशियल स्केचपैड, एपिसोडिक बफर और ध्वन्यात्मक लूप से जानकारी प्राप्त करती है। ऐसा माना जाता है कि मस्तिष्क का फ्रंटल लोब केंद्रीय कार्यपालिका को स्थान देता है, क्योंकि यहीं पर सभी सक्रिय निर्णयों को संसाधित किया जाता है।

ध्वन्यात्मक पाश - यह केंद्रीय कार्यकारी के साथ मिलकर काम करता है और श्रवण जानकारी रखता है। इसके अलावा, यह दो उप-घटकों से बना है:

ध्वन्यात्मक स्टोर - यह श्रवण संबंधी सूचनाओं को थोड़े समय के लिए धारण करता है।

आर्टिकुलेटरी रिहर्सल प्रक्रिया - यह रिहर्सल (बैडले एंड हिच, 2019) के माध्यम से सूचनाओं को लंबे समय तक संग्रहीत करती है।

Visuospatial Sketch Pad – यह केंद्रीय कार्यकारिणी का एक और हिस्सा माना जाता है जो स्थानिक और दृश्य जानकारी रखता है। यह मन को वस्तुओं की कल्पना करने और पर्यावरण के माध्यम से पैंतरेबाज़ी करने में मदद करता है।

एपिसोडिक बफर - बैडले ने बाद में मॉडल का चौथा तत्व जोड़ा, जिसमें जानकारी भी होती है। यह मस्तिष्क की सूचनाओं को संग्रहित करने की क्षमता को बढ़ाता है। उनका मानना था कि एपिसोडिक बफर अल्पकालिक स्मृति, धारणा और दीर्घकालिक स्मृति के बीच सूचना

स्थानांतरित करता है। जैसा कि यह अभी भी अपेक्षाकृत नया है, अनुसंधान अभी भी इसके विशिष्ट तंत्र (गोल्डस्टीन एंड मैकेन, 2005) के रूप में आयोजित किया जाता है।

3.4: सूचना प्रसंस्करण सिद्धांत की सीमाएँ:

चित्र-1.23: सूचना प्रसंस्करण सिद्धांत की सीमाएं

किसी भी सिद्धांत की तरह, सूचना प्रसंस्करण सिद्धांत की भी अपनी सीमाएँ हैं। जबकि प्रस्तुत मॉडल पर्याप्त रूप से वर्णन करते हैं कि जानकारी कैसे संसाधित की जाती है, कई मुद्दे भी उठते हैं, कंप्यूटर और मानव के बीच समानता सीमित है

सूचना प्रसंस्करण सिद्धांत निम्नलिखित पहलुओं के कारण मन की तुलना कंप्यूटर से करता है:

संग्रहीत जानकारी के साथ नई जानकारी को जोड़ने या जोड़ने से नई जानकारी का पता चलता है जो विभिन्न समस्याओं का समाधान प्रदान कर सकता है।

एक कंप्यूटर में एक केंद्रीय प्रसंस्करण इकाई होती है जिसकी कंप्यूटिंग शक्ति सीमित होती है। इसी प्रकार, मनुष्यों में केंद्रीय कार्यकारी की एक सीमित क्षमता होती है जो मानव ध्यान प्रणाली को प्रभावित करती है।

इस समानता की स्पष्ट सीमाओं में से एक मानव मस्तिष्क की जानकारी को संग्रहीत करने की क्षमता है जो 108432 बिट्स के क्रम में है। इसका मतलब है कि मानव स्मृति की क्षमता कंप्यूटर (वांग, लियू, और वांग, 2003) की तुलना में अत्यधिक बेहतर है। एक कंप्यूटर और एक मानव मस्तिष्क के बीच मात्रा के इस अंतर का मतलब है कि बाद वाला उन प्रक्रियाओं को समायोजित कर सकता है जो पूर्व में नहीं हो सकता। साथ ही, सादृश्य भी उन प्रेरक और भावनात्मक कारकों पर विचार नहीं करता है जो मानव के संज्ञान को प्रभावित करते हैं।

सूचना प्रसंस्करण के मौजूदा मॉडल सीरियल प्रोसेसिंग मानते हैं।

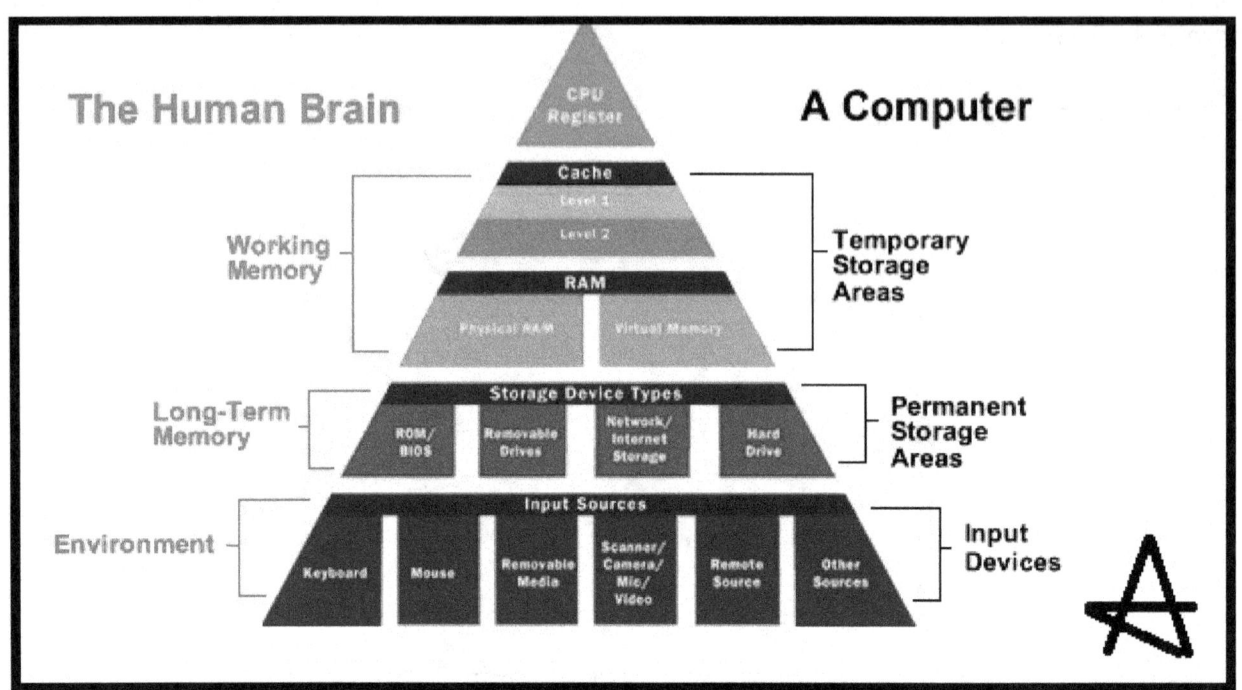

चित्र-1.24: मानव मन और कंप्यूटर के बीच समानता

सूचना प्रसंस्करण सिद्धांत के मौजूदा मॉडल क्रमिक प्रसंस्करण मानते हैं, जिसका अर्थ है कि अगली प्रक्रिया शुरू होने से पहले एक प्रक्रिया को पूरा करने की आवश्यकता है। यह एक कंप्यूटर के कार्य करने के तरीके के समान है, इसलिए सादृश्य।

हालांकि, दिमाग समानांतर प्रसंस्करण के लिए सक्षम है, जिसका अर्थ है अलग-अलग गुणवत्ता के साथ विभिन्न इनपुटों का एक साथ प्रसंस्करण (लेबर्ज एंड सैमुअल्स, 1974)। मानव मस्तिष्क की ऐसी क्षमता किसी कार्य को पूरा करने के लिए आवश्यक प्रक्रियाओं और/या अभ्यास की मात्रा और व्यक्ति की क्षमता पर निर्भर करती है।

उदाहरण के लिए, एक टच टाइपिस्ट कीबोर्ड पर टाइप करते समय गद्यांश पढ़ने में सक्षम होता है। दूसरी ओर, एक नौसिखिए टाइपिस्ट एक बार में एक अक्षर या एक शब्द पर ध्यान केंद्रित करेगा।

4

चुनौतियां

4.1: भ्रमित मन:

चित्र-1.25:भ्रमित मन

मनुष्य स्वाभाविक रूप से भोजन, पानी और प्रजनन के अस्तित्व संबंधी विचारों में फंसा हुआ है। इसी तरह अधिकांश छात्र किसी न किसी भ्रम में फंसे होते है तथा स्वतंत्र रूप से सोचने में असमर्थ हैं। इसलिए पहली चुनौती एक भ्रमित मन है।

आमतौर पर छात्रों का मन अस्थिर होता है, उनकी मस्तिष्क-तरंगों की आवृत्ति अचानक बदल जाती है तथा ये परिवर्तन इतने तीव्र होते हैं कि छात्र धीरे-धीरे प्रगति करने और प्रभावी ढंग से सीखने में असमर्थ होते हैं।

4.2: विश्वास प्रणाली:

चित्र-1.26: विश्वास प्रणाली

अपने जीवन में हर समय हम किसी न किसी पैटर्न के तहत काम कर रहे होते हैं। ये पूरे पैटर्न हमारी यादों में संग्रहीत हैं और हमारा "मन-मस्तिष्क तंत्र" हमारे अतीत से भावनात्मक रूप से जुड़ा हुआ है। और हमारे पिछले अनुभवों से छुटकारा पाना कठिन है। इसके कारण यह कहा जाता है कि आपको अपने कर्मों का खामियाजा भुगतना पड़ता है। तथा आप प्रयत्न करने पर भी पैटर्न में हेरफेर नहीं कर सकते।

समस्याओं को हल करने के लिए आपको अपने आप को परिस्थितियों के अनुसार ढालना होगा

4.3: मल्टी-टास्किंग या समानांतर प्रसंस्करण:

चित्र-1.27: अप्रभावी मल्टी-टास्किंग

आम तौर पर मनुष्य मल्टीटास्किंग या समानांतर प्रसंस्करण करने में असमर्थ होते हैं, परन्तु सूचना प्रसंस्करण के दौरान मल्टीटास्किंग की आवश्यकता होती है क्योंकि बहुत अधिक समयांतराल के कारण सूचना प्रसंस्करण के पैटर्न बदल जाते हैं तथा इसलिए हम कुछ उत्पादक परिणाम उत्पन्न करने में असमर्थ होते हैं।

4.4: नकारात्मक भावनाएँ:

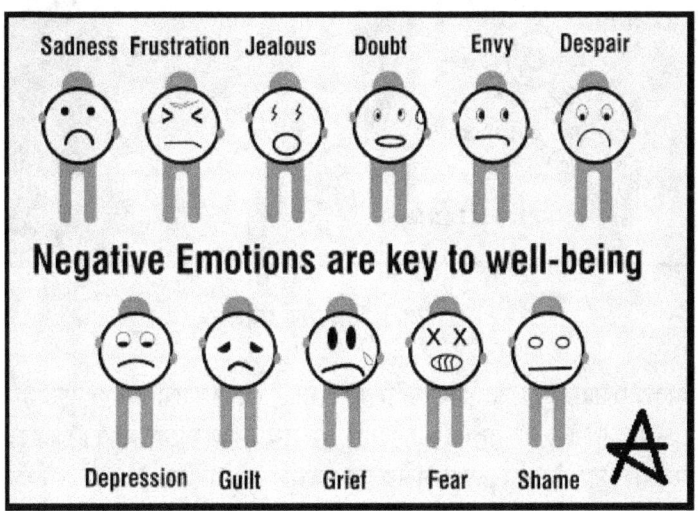

चित्र-1.28: नकारात्मक भावनाएँ

चित्र-1.29: नकारात्मक भावनाएँ

एक छात्र आमतौर पर तनाव, आत्मविश्वास की कमी, कम तैयारी, उत्तेजना जैसी नकारात्मक भावनाओं को अनुभव करता है तथा ये नकारात्मक भावनाएं छात्रों की सीखने और प्रदर्शन करने की क्षमता में बाधा डालती हैं।

4.5: समय प्रबंधन:

चित्र-1.30:समय प्रबंधन

सभी प्रतियोगी परीक्षाएँ समयबद्ध परीक्षाएँ हैं। उदाहरण के लिए, NEET में, लगभग 6000 पृष्ठ होते हैं और इन परीक्षाओं में से केवल 20-25 पृष्ठों से प्रश्न पूछे जाते हैं। और वह भी 3 घंटे के भीतर। इसलिए समय प्रबंधन एक बहुत ही महत्वपूर्ण भूमिका निभाता है। एक छात्र को अपने दैनिक लक्ष्यों को पूरा करने के लिए रोजाना अपने समय का प्रबंधन करना होता है, और उसे कम से कम 1 या 2 साल के लिए इस पैटर्न का पालन करना होता है।

लेकिन आमतौर पर छात्र समय प्रबंधन में अच्छे नहीं होते हैं, इसलिए यह छात्रों के लिए एक बड़ी चुनौती है।

4.6: नकारात्मक अंकन:

चित्र-1.31: नकारात्मक अंकन

अधिकांश प्रतियोगी परीक्षाएँ नकारात्मक अंकन वाले एमसीक्यू पर आधारित होती हैं, इसलिए आमतौर पर छात्र नकारात्मक अंकन से डरते हैं।

4.7:अत्यधिक कठिन प्रश्न:

चित्र-1.32: अत्यधिक कठिन प्रश्न

आम तौर पर प्रतियोगी परीक्षाओं में पूछे जाने वाले प्रश्न बहु-वैचारिक और पेचीदा होते हैं और ऐसे प्रश्नों को डिकोड करने का एक पैटर्न होता है, केवल वही छात्र इन प्रश्नों को हल कर सकते हैं जिन्होंने बहु-वैचारिक समस्याओं का बहुत गहन अभ्यास किया है।

4.8: अध्ययन योजनाओं तथा रणनीतियों का अभाव:

चित्र-1.33: अध्ययन योजनाओं और रणनीतियों का अभाव

आमतौर पर छात्र बिना किसी रणनीति के बेतरतीब ढंग से अध्ययन करते हैं। चूंकि परीक्षा का पाठ्यक्रम काफी विस्तृत है, इसलिए अधिकांश छात्र रास्ते में विचलित हो जाते हैं और अपनी योजना पर टिके नहीं रह पाते हैं और विचलित हो जाते हैं या परीक्षा के बारे में अति उत्साहित हो जाते हैं। जबकि यदि आप धीरे-धीरे काम करते हैं आपके अध्ययन की योजना तैयार करना और प्रभावी ढंग से प्रदर्शन करना काफी आसान है।

4.9: परीक्षा-अवसाद:

चित्र-1.34:परीक्षा-अवसाद

अधिकांश छात्र प्रश्नों को हल करने से डरते हैं क्योंकि एक प्रश्न को हल करने में **मस्तिष्क के विभिन्न भागों** का उपयोग होता है और इन विभिन्न प्रक्रियाओं को निष्पादित करने के लिए हमें अधिक ऊर्जा या विशेष रूप से **उच्च ब्रेनवेव आवृत्ति** का उपयोग करने की आवश्यकता होती है।

हमारा मस्तिष्क उड़ान मोड को सक्रिय करता है और हमें मन की उड़ान मोड पर हावी होने के लिए बहुत काम करना पड़ता है। यह चिंता पैदा करता है और इसके प्रभाव के रूप में छात्र परीक्षा के दौरान असहज महसूस करते हैं।

4.10: परीक्षा प्रबंधन कौशल का अभाव:

चित्र-1.35: परीक्षा प्रबंधन कौशल का अभाव

प्रतियोगी परीक्षाओं में परीक्षा का पाठ्यक्रम काफी विस्तृत होता है, इसलिए परीक्षा **प्रबंधन कौशल जैसे यादृच्छिक(रैंडम) ऑर्डर प्रश्न और समाधान अनुकूलन मानसिकता** विकसित करना आवश्यक है। कभी-कभी प्रतियोगी परीक्षाओं में पूछे गए कुछ प्रश्न काफी पेचीदा होते हैं और किसी के लिए भी उन्हें हल करना आसान नहीं होता है।तेज तर्रार छात्र इन प्रश्नों को पहले ही छोड़ देते हैं तथा अन्य प्रश्नों को हल करने की कोशिश करते हैं जिन्हें वे आसानी से हल कर सकते हैं। जबकि अन्य छात्र मुश्किल सवालों में फंस जाते हैं और बहुत समय बर्बाद करते हैं तथा निराश हो जाते हैं जो उनके आगे के प्रदर्शन को प्रभावित करता है।अतः परीक्षा में सफलता हेतु उचित मानसिकता परम आवश्यक है

5
समाधान

5.1: भ्रमित मन के उपाय:

5.1.1: ध्यान केंद्रित करना सीखें:

चित्र-1.36: ध्यान केंद्रित करना सीखें

ध्यान केंद्रित करने की क्षमता **भ्रमित मन** का समाधान है। इसलिए छात्रों को यह सीखने की कोशिश करनी चाहिए कि कैसे ध्यान केंद्रित किया जाए। "आकर्षण के नियम" के अनुसार आप वही प्राप्त करते है जिस पर आपका ध्यान केंद्रित होता है।

ध्यान को धीरे-धीरे **प्रशिक्षण कार्यक्रमों** के द्वारा विकसित किया जा सकता है। आप एक कार्य पर ध्यान केंद्रित करने की आदत से प्रारम्भ कर सकते हैं तथा फिर धीरे-धीरे **कई कार्यों** पर ध्यान केंद्रित करने की कला सीख सकते हैं, जिससे विभिन्न कार्यों के बीच ध्यान स्विच करने का एक पैटर्न बनता है।

ध्यान केंद्रित करने के लिए केवल अपनी ऊर्जा का प्रबंधन करें, अपने समय का नहीं। यदि किसी कार्य के लिए आपके पूरे ध्यान की आवश्यकता है, तो इसे तब करें जब आपके पास इसके लिए उचित ऊर्जा उपलब्ध हो। चूंकि ऊर्जा किसी भी कार्य के पीछे का **मुलभुत आधार** है, अतः प्राथमिकता ऊर्जा पर ध्यान केंद्रित करना है न कि समय पर। केवल ऊर्जा पर ध्यान केंद्रित करें और बाकी अपने आप प्रबंधित हो जाएगा। .

चित्र-1.37: ध्यान केंद्रित करना सीखें

5.1.2: भगौड़ा मोड पर हावी होना सीखें:

"मन-मस्तिष्क तंत्र" डिफ़ॉल्ट रूप से जीवन को आरामदायक बनाने हेतु तत्पर रहता है, इसलिए जब भी हम कोई समस्या देखते हैं तो "मन-मस्तिष्क तंत्र" की पहली प्रतिक्रिया भगौड़ा मोड को सक्रिय करना होता है जिसमें हम डर, चिंता, अवसाद, का अनुभव करते हैं तथा हम उस स्थिति से दूर भागने का प्रयास करते है.

चित्र-1.38: भगौड़ा मोड पर हावी होना सीखें

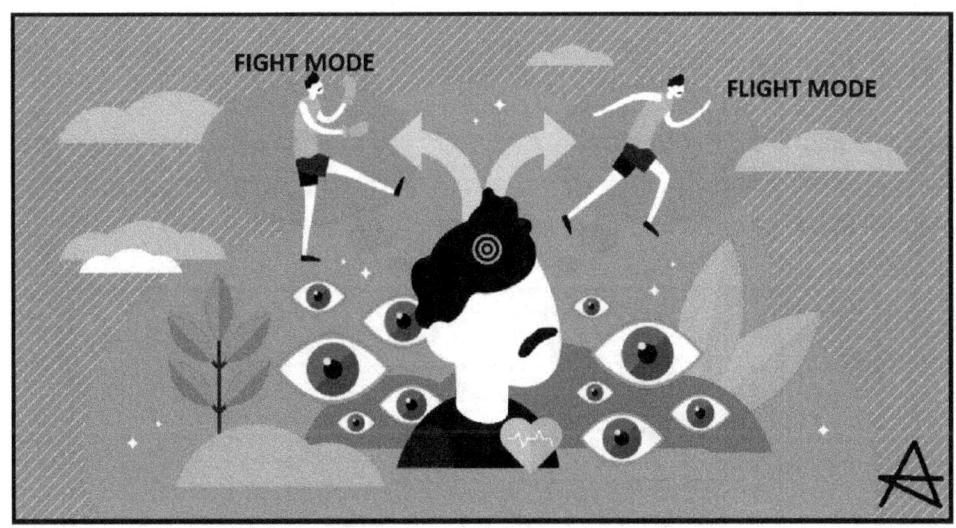

चित्र-1.39: भगौड़ा मोड पर हावी होना सीखें

आमतौर पर जब कोई छात्र प्रतियोगी परीक्षा में पूछे गए किसी प्रश्न को देखता है, तो उसके "मन-मस्तिष्क तंत्र" की प्रथम प्रतिक्रिया भगौड़ा मोड को सक्रिय करने की होती है। वह डर, चिंता, अवसाद, जल्दबाजी इत्यादि नकारात्मक भावनाएं अनुभव करेगा तथा प्रश्न को हल नहीं कर पाएगा। इसलिए तैयारी शुरू करने से पहले सुनिश्चित करें कि आप मन-मस्तिष्क तंत्र की भगौड़ा मोड पर नियंत्रण करना सीख गए है|

5.1.3: दृढ़ इच्छा शक्ति का विकास करें:

दृढ़ इच्छा शक्ति "मन-मस्तिष्क तंत्र" की भगौड़ा मोड पर विजय प्राप्त करने की नींव है। भगौड़ा मोड पर विजय प्राप्त करने के बाद ही हर उपलब्धि संभव है। जब तक हम भगौड़ा मोड पर हावी नहीं हो जाते, तब तक हम कुछ भी प्राप्त नहीं कर पाते हैं तथा केवल कहानियां और बहाने बनाते रहते है । अतः किसी भी **प्रतियोगी परीक्षा** की तैयारी शुरू करने से पहले यह सुनिश्चित कर लें कि आपके पास "मन-मस्तिष्क तंत्र" की भगौड़ा मोड पर विजय प्राप्त करने हेतु दृढ़ इच्छा शक्ति है।

प्रतियोगी परीक्षा अक्सर **तोड़-मरोड़** कर पेश किए गए तथा **पेचीदा प्रश्नों** पर आधारित होती है तथा आप उन्हें सीधे तरीके से हल नहीं कर सकते हैं। आपको किसी विशेष प्रश्न को हल करने के लिए **मस्तिष्क के विभिन्न हिस्सों के बीच स्विच** करना पड़ता है जिसके लिए आपको एक दृढ़ इच्छा शक्ति की आवश्यकता होती है।

चित्र-1.40: दृढ़ इच्छा शक्ति का विकास करें

5.1.4: ब्रेनवेव फ्रीक्वेंसी मॉड्यूलेशन सीखें:

मस्तिष्क के विभिन्न भाग, विभिन्न आवृत्तियों पर संचालित होते हैं। मस्तिष्क तरंगों की भिन्नता को इलेक्ट्रोएन्सेफलोग्राफ से मापा जा सकता है, जो विभिन्न आवृत्तियों की मस्तिष्क तरंगों को मापता है। इन आवृत्तियों को मापने के लिए तथा मस्तिष्क में विद्युत आवेगों का पता लगाने और रिकॉर्ड करने के लिए इलेक्ट्रोड को खोपड़ी के विभिन्न भागों में रखा जाता है।

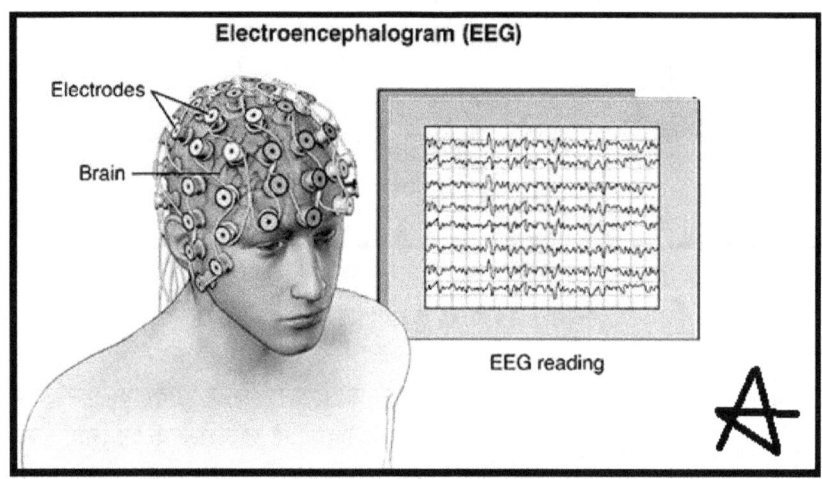

चित्र-1.41: ब्रेनवेव फ्रीक्वेंसी मॉड्यूलेशन सीखें

एक तरंग मूल रूप से एक विक्षोभ है। आम तौर पर विद्युत चुम्बकीय आवेगों का विश्लेषण विद्युत चुम्बकीय क्षेत्रों के साइनसोइडल विविधताओं के सुपरपोजिशन के रूप में किया जा सकता है। 1 सेकंड में एक लहर द्वारा पूरे किए गए चक्रों की संख्या को आवृत्ति कहा जाता है। यह रेडियो स्टेशनों की आवृत्ति के समान है। एक विशिष्ट स्टेशन को सुनने हेतु आपको अपने रेडियो को उस विशिष्ट आवृत्ति पर ट्यून करने की आवश्यकता होती है।

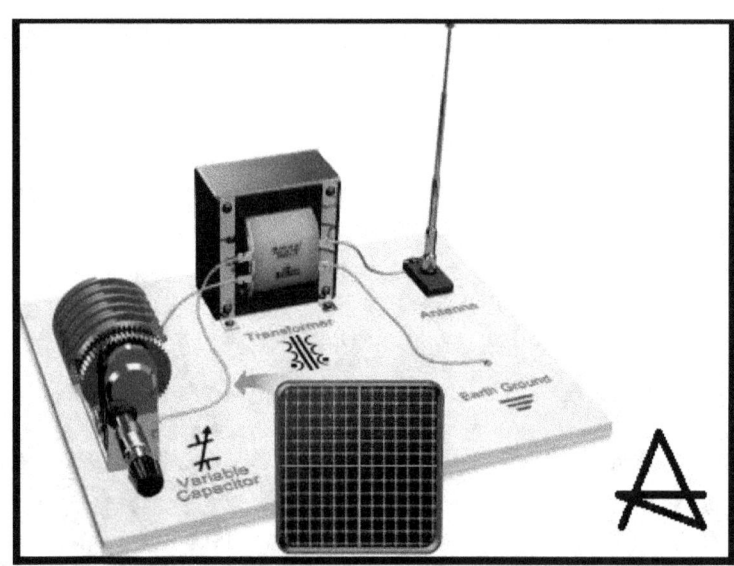

चित्र-1.42: ब्रेनवेव फ्रीक्वेंसी मॉड्यूलेशन सीखें

जब आप किसी विशेष प्रश्न को हल करते हैं तो आपका "**मन-मस्तिष्क तंत्र** " एक निश्चित पैटर्न का अनुसरण करता है जिसमें आपको मस्तिष्क के **विभिन्न भागों** का उपयोग करने की आवश्यकता होती है। ये **विभिन्न भाग**,विभिन्न मस्तिष्क-तरंग आवृत्तियों पर सक्रिय होते हैं। और यदि हम अपने "**मन-मस्तिष्क तंत्र**" को सुचारु रूप से संचालित करने में सक्षम न हो पाएं तो समस्याओं को हल करने का पैटर्न पूरा नहीं हो पता है तथा हम समाधान और उत्तर प्राप्त नहीं कर पातें है ।

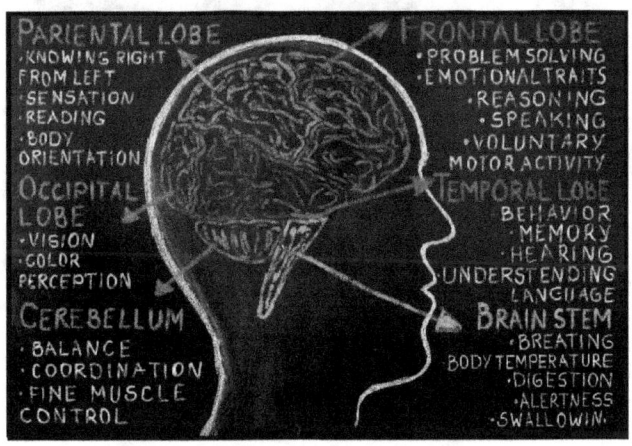

चित्र-1.43: मस्तिष्क के विभिन्न भागो का कार्य

आमतौर पर **ईईजी के ब्रेनवेव फ्रीक्वेंसी स्पेक्ट्रम** का विश्लेषण फ्रीक्वेंसी बैंड्स के संदर्भ में किया जा सकता है जैसे-
1.**गामा तरंगें** (30Hz से अधिक आवृत्ति)
2. **बीटा तरंगें** (13-30 हट्र्ज के बीच आवृत्ति)
3. **अल्फा तरंगें** (आवृत्ति 8-12 हट्र्ज के बीच)
4. **थीटा तरंगें** (4-8 हट्र्ज के बीच आवृत्ति)
5. **डेल्टा तरंगें** (आवृत्ति 4 हट्र्ज से कम)

चित्र-1.44: ब्रेनवेव फ्रीक्वेंसी मॉड्यूलेशन

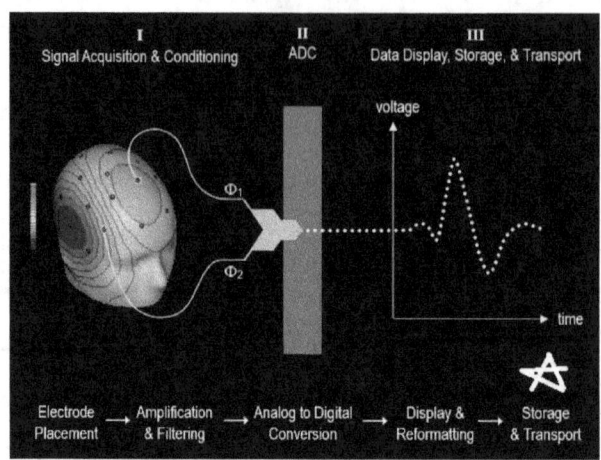

चित्र-1.45: ब्रेनवेव फ्रीक्वेंसी मॉड्यूलेशन

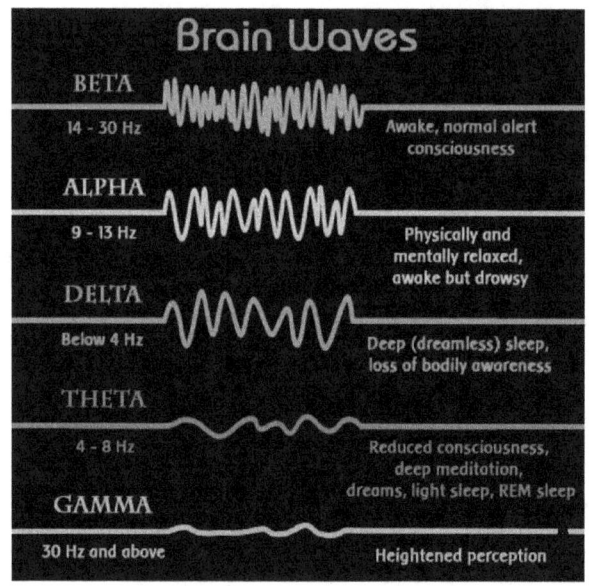

चित्र-1.46: ब्रेनवेव फ्रीक्वेंसी मॉड्यूलेशन

प्रायोगिक रूप से यह देखा गया है कि एक **अच्छा प्रॉब्लम सॉल्वर/बुद्धिमान** छात्र अपने **"मन-मस्तिष्क** तंत्र" को 13 हट्र्ज की आवृत्ति पर संचालित करता है। यदि आपके मस्तिष्क में 13 हट्र्ज की आवृत्ति की कमी है तो आप खुद को एक बुद्धिमान छात्र और एक अच्छी समस्या के रूप में विकसित नहीं कर पाएंगे जो अंततः आपके प्रदर्शन और प्रतियोगी परीक्षा में सफलता को प्रभावित करेगा।

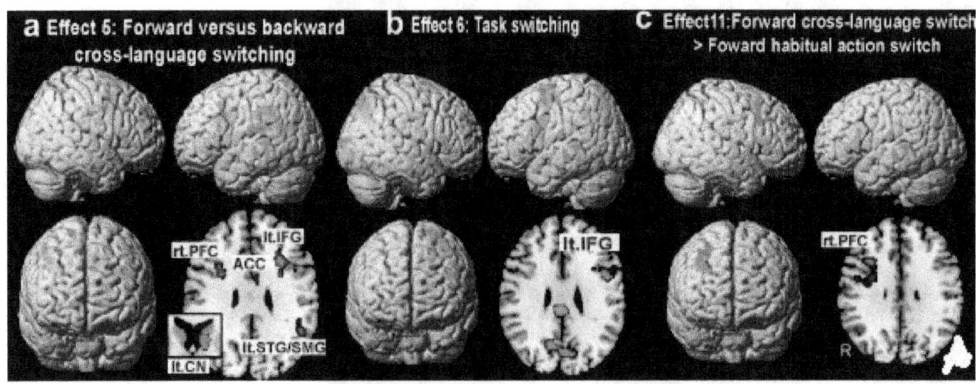

चित्र-1.48: मानव मस्तिष्क में तंत्रिका गतिविधि

5.2: रूढ़िवादी विश्वास प्रणाली के समाधान:

5.2.1. अपनी विश्वास प्रणाली का स्रोत खोजें

विश्वास प्रणालियाँ सामान्यतः इस बात पर आधारित होती हैं कि हमने अपने जीवन में क्या अनुभव किया है, लेकिन विश्वास हर स्थिति में सही नहीं हो सकता है। उदाहरण के लिए: अहिंसा का विश्वास तब सत्य होता है जब आप जीवन के उच्च आयामों की खोज करना चाहते हैं, लेकिन जब एक गुंडा आपके पैसे के लिए आपको मारने वाला है तो उस इस्थिति में अहिंसा का कोई महत्तव नहीं है। जीवन मूल है और जीवन के विषय का कोई भी विश्वास जीवन से बड़ा नहीं हो सकता है ,अपने जीवन को बचाने के लिए आप कोई भी कदम उठा सकते हैं,तथा हिंसा का प्रयोग सकतें है ,यह वैध तथा कानूनी दृष्टिकोण से भी मान्य है। अतः बेहतर भविष्य हेतु समय के साथ विश्वासों को बदलना होगा।

चित्र-1.53: अपनी विश्वास प्रणाली का स्रोत खोजें

5.2.2. सूचना से परे सोचने की कोशिश करें:

अपने आस-पास के वातावरण को मौन अवलोकन के साथ देखें और जानकारी से परे सोचने की कोशिश करें। आप अनुभव करेंगे कि पूरा ब्रह्मांड एक पैटर्न का अनुसरण कर रहा है और ये सभी पैटर्न सभी के विकास के लिए हैं।

चित्र-1.54: सूचना से परे सोचने का प्रयास करें

5.2.3 विपरीत स्वभाव वाले मित्र बनाएं:

हम अपने आप को जो समझते हैं वह हमारे जीवन के अनुभव के कारण है, लेकिन हम किसी भी घटना पर सभी संभावित आयामों पर विचार नहीं कर सकते हैं और हमारा अनुभव और उसकी व्याख्या पक्षपाती हो सकती है। किसी भी घटना में छिपे हुए अप्रेक्षित आयाम उपस्थित हो सकते हैं।इसलिए जिन अनुभवों में आप सहज नहीं हैं, वे भी उपस्थित हो सकते हैं और आपको इस कठोर सत्य को स्वीकार करने में सक्षम होना चाहिए कि आप "सर्वज्ञ " नहीं हैं ,आपको जिसका अनुभव है वह "अस्तित्व" का एक अत्यंत अलप अंश है।

इसलिए कोई ऐसा होना चाहिए जो आपको याद दिलाए कि आप चेतना के विस्तार के मार्ग पर हैं, आपके जीवन में होने वाली सभी घटनाएं आपके विकास हेतु है.

चित्र-1.55: विपरीत स्वभाव वाले मित्र बनाएं

5.3:मल्टी-टास्किंग या समानांतर प्रसंस्करण सीखें:

प्रतियोगी परीक्षाओं में पूछे जाने वाले प्रश्न अक्सर मस्तिष्क के विभिन्न भागों के हेरफेर और उपयोग पर आधारित होते हैं। इसलिए आपको मस्तिष्क के विभिन्न भागों का एक साथ उपयोग करना होगा।

चित्र-1.47: मल्टी-टास्किंग सीखें

डिफ़ॉल्ट रूप से मानव मस्तिष्क एक ही समय में एक ही कार्य पर ध्यान केंद्रित करने में सक्षम होता है, हमें केवल विभिन्न कार्यों के बीच स्विचिंग को प्रबंधित करने और कुछ प्रकार के संक्रमण समय विकसित करने की आवश्यकता होती है ताकि हम एक साथ मस्तिष्क के विभिन्न कार्यों के बीच स्विच कर सकें।

इसलिए समस्या समाधान में एक विशेषज्ञ होने के लिए आपको मस्तिष्क के विभिन्न भागों को एक ऐसे पैटर्न में उपयोग करने में सक्षम होना चाहिए जिसमें मस्तिष्क के विभिन्न भागों की सक्रियता के बीच बहुत कम समय का अंतराल हो। यह एक बहुत ही चुनौतीपूर्ण कार्य लगता है, लेकिन इसे व्यवस्थित रूप से धीरे-धीरे एक क्रमिक प्रशिक्षण कार्यक्रम द्वारा सीखा जा सकता है।

चित्र-1.49: मल्टी-टास्किंग सीखें

चित्र-1.50: मल्टी-टास्किंग सीखें

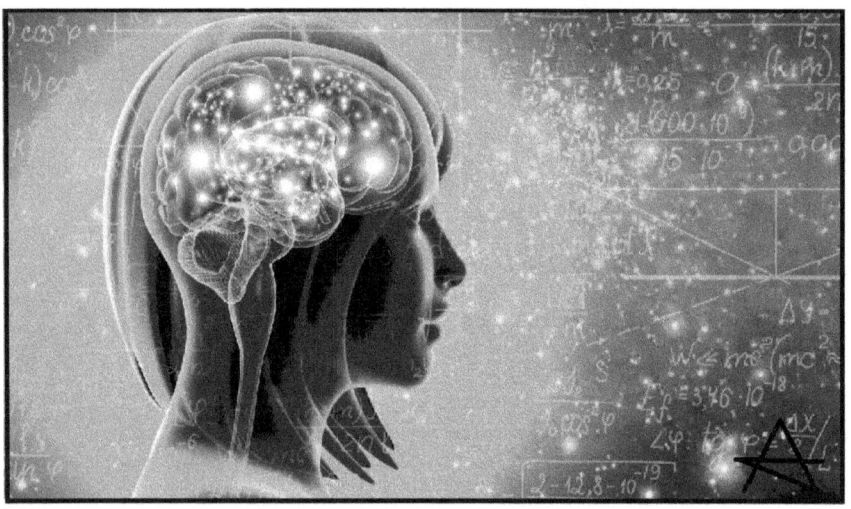

चित्र-1.51: अपने "मन-मस्तिष्क तंत्र"को प्रशिक्षित करें

अपने "मन-मस्तिष्क तंत्र" को प्रशिक्षित करें:

आम तौर पर जब कोई छात्र प्रतियोगी परीक्षाओं की तैयारी करता है, तो वह सिर्फ किताबों, नोट्स, प्रश्नों के विषय में सोचता है, लेकिन वह अपने "मन-मस्तिष्क तंत्र " पर ध्यान नहीं देता। वह सोचता है कि बस **कुछ प्रश्नों के उत्तर सीखने** मात्र से ही आप **प्रतियोगी परीक्षाओं** में सफल हो जायेंगे परन्तु ऐसा **सत्य नहीं है**.प्रतियोगी परीक्षाओ में सफलता हेतु आपको स्वयं के "**मन-मस्तिष्क तंत्र**" को वास्तविक परीक्षा के वातावरण में **प्रशिक्षित** करना होगा जिससे आप इसके **अभ्यस्त** हो सकें तथा इसमें **बेहतर प्रदर्शन** कर सकें।

प्रतियोगी परीक्षाओं में बेहतर प्रदर्शन के लिए अपने "**मन-मस्तिष्क तंत्र**" को प्रशिक्षित करने के कई तरीके हैं जैसे:

1. नवीन प्रश्न हल करना सीखें:

सामान्यतः एक छात्र वही प्रश्न हल करना पसंद करता है जिसका उसे अभ्यास है और नए प्रश्न सीखने से बचता है, जब हम कोई नया प्रश्न सीखते हैं तो **नए तंत्रिका कनेक्शन** विकसित होते हैं और हम **नई परिस्थितियों** के अनुकूल होने की आदत सीख-लेते हैं। आज की **प्रतियोगी परीक्षाएं** दिन-ब-दिन कठिन होती जा रही हैं और केवल उन्हीं छात्रों को इसमे सफलता प्राप्त होती है जो **नई परिस्थितियों** को जल्दी से सीखने और उन्हें **परीक्षा में लागू करने की** क्षमता रखते हैं।

2. मानसिक व्यायाम करें:

मानसिक व्यायाम आपके मस्तिष्क की कोशिकाओं को उत्तेजित करता है और नए तंत्रिका कनेक्शन विकसित करता है जो परीक्षा में बेहतर प्रदर्शन करने में मदद करता है। इसलिए आपको मानसिक व्यायाम का अभ्यास करना चाहिए|पहेलियाँ सुलझाना, माइंड गेम खेलना, डिकोडिंग पैटर्न इत्यादि मानसिक विकास सुनिश्चित करने के कुछ तरीके हैं।

3. अपने पाठों का पुनराभ्यास करें:

पुनराभ्यास आपके तंत्रिका मार्गों को मजबूत करता है और परीक्षाओं में प्रभावी प्रतिधारण सुनिश्चित करता है इसलिए आपको अपने पाठों का पुनराभ्यास करना चाहिए ताकि आप प्रतियोगी परीक्षाओं में आवश्यकता पड़ने पर उन्हें चेतन मन में ला पाएं

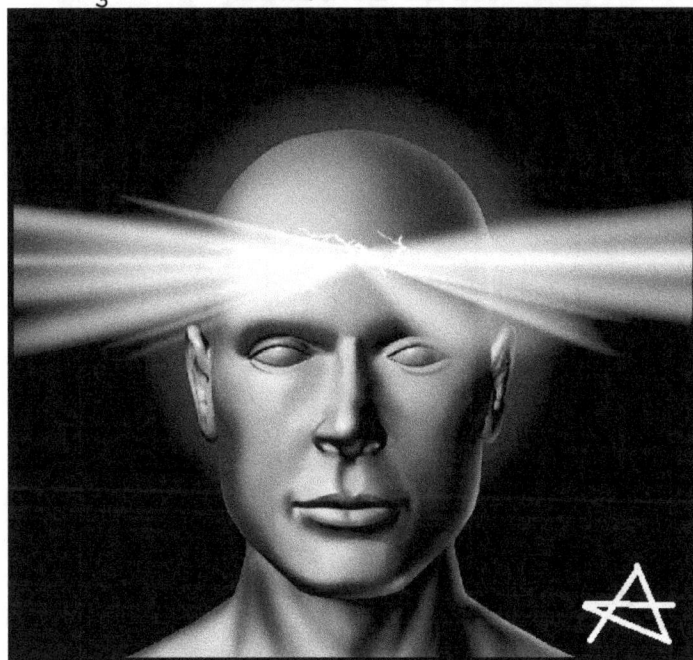

चित्र-1.52: अपने "मन-मस्तिष्क तंत्र"को प्रशिक्षित करें

5.4: नकारात्मक भावनाओं का समाधान:

आम तौर पर जब एक छात्र किसी समस्या को हल करने की कोशिश करता है, तो उसे **नकारात्मक भावनाओं** का सामना करना पड़ता है। **नकारात्मक भावनाएं** हमारे "मन-मस्तिष्क तंत्र " को परेशान करती हैं और ठीक से काम करने की क्षमता में हस्तक्षेप करती हैं। इसलिए **नकारात्मक भावनाओं** से छुटकारा पाना आवश्यक है।

चित्र-1.56: नकारात्मक भावनाओं का समाधान

5.4.1: ध्यान का अभ्यास करें :

चित्र-1.57: ध्यान का अभ्यास करें

ध्यान नकारात्मक ऊर्जा या भावनाओं से छुटकारा प्राप्त करने का एक प्रभावी तरीका है।

5.4.2. योग का अभ्यास करें :

चित्र-1.58: योग का अभ्यास करें

योग एक केंद्रित और अभिसारी मानसिक स्थिति बनाने के लिए आपकी अपसारी ऊर्जाओं को आपस में जोड़ने के बारे में है

नकारात्मक ऊर्जाओं को दूर करने के लिए निम्नलिखित योग मुद्राओं का अभ्यास करना चाहिए

1. मार्जार्यासन: कैट-टू-काउ पोज़ फायदेमंद है क्योंकि यह मन को शांत करता है, तनाव से राहत देता है और कंधों और गर्दन में तनाव को दूर करता है।

2.उध्र्व मुख संवासन: इस मुद्रा का अक्सर उल्लेख नहीं किया जाता है, लेकिन इसे नकारात्मक ऊर्जाओं को दूर करने के लिए सबसे अच्छा योग माना जाता है। यह अवसाद और थकान से लड़ने में मदद करता है। बी) .

3. सुखासन: "आसान मुद्रा" वह है जो शीर्ष पर शांति लाने में मदद करती है। आगे की ओर झुकना, जब सही ढंग से अभ्यास किया जाता है, शांत होने में सहायता कर सकता है।

5.4.3: अपने कार्य स्थान को व्यवस्थित करें:

चित्र-1.59: अपने कार्य स्थान को व्यवस्थित करें

अपने कार्य स्थान को व्यवस्थित करें। संगठित कार्यक्षेत्र से सकारात्मक स्पंदन निकलते हैं जो आपको बेहतर कार्य करने हेतु प्रेरित करते हैं।

5.4.4.अपने सकारात्मक ऊर्जा क्षेत्रों का विकास करें:

चित्र-1.60: अपने सकारात्मक ऊर्जा क्षेत्रों का विकास करें

आम तौर पर एक छात्र के पास अस्थिर ऊर्जा क्षेत्र होते हैं जो समय के साथ बदलते हैं इसलिए सकारात्मक ऊर्जा क्षेत्रों को विकसित करना अत्यंत महत्वपूर्ण है ताकि आप नकारात्मक भावनाओं की सीमा को पार कर सकें।सकारात्मक ऊर्जा क्षेत्रों को विकसित करने का सबसे अच्छा तरीका दिन में कम से कम 21 बार मंत्र का अभ्यास करना है।

5.5: समय प्रबंधन:

चित्र-1.61: समय प्रबंधन

चूँकि सभी प्रतियोगी परीक्षाएँ समय आधारित परीक्षाएँ हैं, इसलिए समय का प्रबंधन करना बहुत महत्वपूर्ण है। यह कौशल समय के साथ धीरे-धीरे बहुत सारे मॉक टेस्ट का अभ्यास करके सीखा जा सकता है। जब हम समय प्रबंधन में अच्छे होते हैं तो छात्र अधिक केंद्रित और उत्पादक बन जाते हैं। समय प्रबंधन हमारी उत्पादकता को बढ़ाता है जिससे बेहतर प्रदर्शन होता है तथा बेहतर परिणाम प्राप्त होते हैं।

समय प्रबंधन के कुछ लाभ हैं:
1. केंद्रित "मन-मस्तिष्क तंत्र"
2. बढ़ी हुई उत्पादकता

3. सहजता से कर्मरथ व्यक्तित्व
4. स्वयं प्रेरित व्यक्तित्व

समय प्रबंधन कौशल विकसित करने की कुछ तकनीकें हैं:

5.5.1: समयबद्ध अध्ययन से शुरुआत करें:

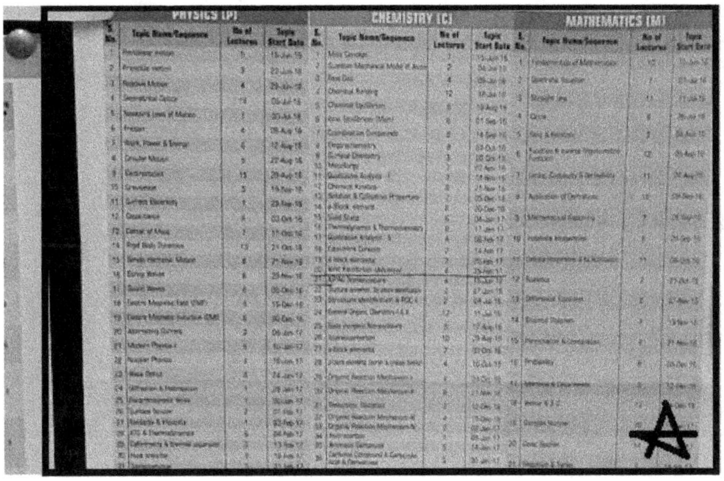

चित्र-1.62: समयबद्ध अध्ययन के साथ शुरुआत करें

अध्ययन करने से पहले सुनिश्चित करें कि यह समयबद्ध हो। उदाहरण के लिए: प्रत्येक अध्याय को समय दें। यदि आप भौतिकी विषय में "गतिकी" अध्याय का अध्ययन कर रहे हैं तो इसके लिए एक समय सीमा निर्धारित करें। मान लें कि 3 दिन हैं तो प्रत्येक दिन के लिए योजना बनाएं कि आप प्रत्येक दिन इस तरह से पूरा करेंगे। समयबद्ध अध्ययन से आप बेहतर तैयारी कर सकते हैं तथा तैयारी करने का अभिनय करने के बजाय वास्तव में तैयारी कर सकते हैं।

5.5.2: निर्णय लेने का अभ्यास करें:

चित्र-1.63: निर्णय लेने का अभ्यास करें

समय प्रबंधन के विकास के लिए आपको शीघ्रता से उचित निर्णय लेने में अच्छा होना चाहिए क्योंकि कई बार आपको एक निश्चित समय पर क्या करना है, इसके विषय में मजबूत निर्णय लेने की आवश्यकता होती है। यदि आप निर्णय लेने में सक्षम नहीं होंगे तो आप प्रभावी ढंग

से कार्य नहीं कर पाएंगे.

5.5.3: योजना बनाने की आदत विकसित करें:

चित्र-1.64: योजना बनाने की आदत विकसित करें

समय प्रबंधन कौशल 2 मिनट में विकसित नहीं किया जा सकता है। इन कौशलों को विकसित करने में काफी समय लगता है, इसलिए आपको कम से कम 21 दिन काम करके योजना बनाने की आदत विकसित करनी चाहिए।

समय प्रबंधन कौशल 2 मिनट में विकसित नहीं किया जा सकता है। इन कौशलों को विकसित करने में काफी समय लगता है, इसलिए आपको कम से कम 21 दिन काम करके योजना बनाने की आदत विकसित करनी चाहिए।

चित्र-1.65: 21 दिनों की आदत

सभी प्रतियोगी परीक्षाएँ समयबद्ध परीक्षाएँ हैं। उदाहरण के लिए, NEET में, लगभग 6000 पृष्ठ होते हैं और इन परीक्षाओं में से केवल 20-25 पृष्ठों से प्रश्न पूछे जाते हैं। और वह भी 3 घंटे के भीतर। इसलिए समय प्रबंधन एक बहुत ही महत्वपूर्ण भूमिका निभाता है। एक छात्र को दैनिक लक्ष्यों को पूरा करने के लिए रोजाना अपने समय का प्रबंधन करना होता है, और उसे कम से कम 1 या 2 साल के लिए इस पैटर्न का पालन करना होता है। लेकिन आमतौर पर छात्र समय प्रबंधन में अच्छे नहीं होते हैं। परीक्षा।

5.6: नकारात्मक अंकन का समाधान :

चित्र-1.66: नकारात्मक अंकन का समाधान

प्रतियोगी परीक्षाओं में नकारात्मक अंकन एक प्रमुख चिंता का विषय है। इसलिए नकारात्मक अंकों से छुटकारा पाने के लिए आपको समस्या समाधान में विशेषज्ञ होना चाहिए, यहां समस्या समाधान कौशल विकसित करने के कुछ चरण दिए गए हैं-

1. समस्या को स्वीकार करें:

एक तीव्र समस्या समाधान कौशल विकसित करने की दिशा में पहला कदम समस्या को स्वीकार करना है। आम तौर पर एक समस्या को हल करते समय एक छात्र को "मन-मस्तिष्क तंत्र" के **भगोड़ा मोड** का सामना करना पड़ता जिसके परिणामस्वरूप भय, चिंता, क्रोध, अवसाद, बेचैनी, ध्यान केंद्रित करने में अक्षमता जैसी नकारात्मक भावनाएं उत्पन्न होती हैं।अतः सर्वप्रथम इस भगोड़ा मोड का सामना करना परमावश्यक है.अतः सर्वप्रथम समस्या को स्वीकार करें

2. समाधान तैयार करें:

समस्या समाधान में अगला चरण समाधान तैयार करना है। समस्या और समाधान को जोड़ने का प्रयास करें। कल्पनाओं का उपयोग करें, जानकारी कुछ भी हो लेकिन समस्या को समाधान से जोड़ने का प्रयास करें ।

3. चरणबद्ध तरीके से कार्य करें:

चरणबद्ध समाधान तैयार करने के पश्चात प्रत्येक चरण पर कार्य करें और सुनिश्चित करें कि आप प्रत्येक चरण को सफलतापूर्वक पूर्ण करते हैं

4. उचित निर्णय लें:

एक तीव्र निर्णय लेने की आदत विकसित करें। समस्या को हल करने की प्रक्रिया में सफलता का मूलाधार प्रभावी निर्णय लेने की कला पर केंद्रित होता है। अतः आपमें कठिन परिस्थितियों में उचित निर्णय लेने की कला होनी चाहिए।सामान्यतः प्रतियोगी परीक्षाओं में एक जटिल समस्या को हल करते समय, एक छात्र को भावनात्मक संघर्षो का सामना करता है और उसे उपलब्ध विकल्पों में से सबसे अधिक अनुकूलित विकल्पों को चुनना होता है।यह कला नियमित अभ्यास द्वारा ही संभव है

5. अपने फैसलों पर काम करें:

निर्णय लेने के बाद अगला कदम अपने निर्णयों को लागू करना होता है।

6. आउटपुट का विश्लेषण करें:

आउटपुट का विश्लेषण करें। देखें कि क्या आप सही उत्तर पर आए हैं या नहीं, यदि नहीं, तो संपूर्ण समाधान को फिर से लिखें और जांचें कि समस्या कहां है।

5.7: अत्यंत जटिल प्रश्नो का समाधान:

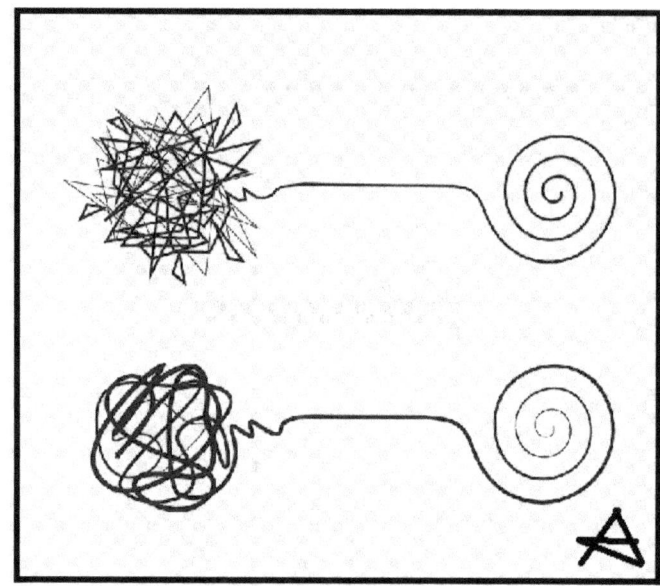

चित्र-1.67: अत्यंत जटिल समस्याओं का समाधान

आम तौर पर प्रतियोगी परीक्षाओं में पूछे जाने वाले प्रश्न अत्यंत जटिल, बहु-वैचारिक और ट्रिकी होते हैं तथा ऐसे प्रश्नों को डिकोड करने का एक पैटर्न होता है, केवल वही छात्र इन प्रश्नों को हल कर सकते हैं जिन्होंने इस प्रकार के अत्यंत जटिल तथा बहु-वैचारिक समस्याओं का बहुत अभ्यास किया हो।

इन प्रश्नों को हल करने के लिए, आपको बहु-वैचारिक प्रश्नों को अलग-अलग अवधारणाओं के संयोजन में विघटित करना होगा और फिर प्रत्येक अवधारणा पर स्वतंत्र रूप से काम करना होगा तथा अंत में विभिन्न अवधारणाओं के परिणामों को एकीकृत करके समाधान संकलित करना होगा।

5.8: अध्ययन योजनाओं और रणनीतियों की कमी का समाधान:

5.8.1: अध्ययन योजनाएँ विकसित करें:

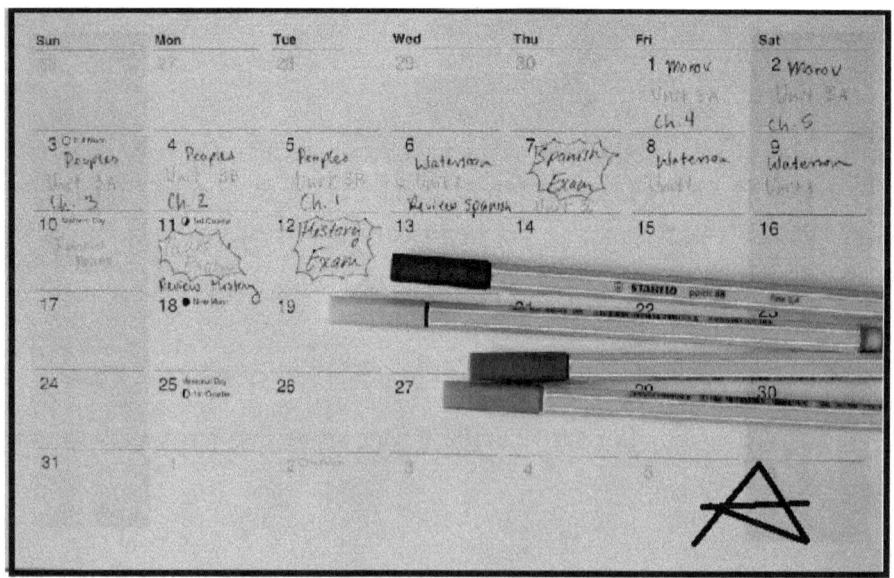

चित्र-1.68: अध्ययन योजनाएँ विकसित करें

पाठ्यक्रम को उपयुक्त भागों में सावधानीपूर्वक विभाजित करके और फिर प्रत्येक भाग पर व्यवस्थित रूप से काम करके दैनिक, साप्ताहिक, मासिक, त्रैमासिक, अर्धवार्षिक और वार्षिक अध्ययन योजनाओं का विकास करें। प्रतियोगी परीक्षा का एक विस्तृत पाठ्यक्रम तैयार करें और पूरे पाठ्यक्रम को समय पर पूरा करने के बारे में योजनाएँ विकसित करें।

5.8.2: रणनीतियाँ विकसित करें:

चित्र-1.69: रणनीतियाँ विकसित करें

परीक्षा की रणनीति विकसित करें। ढेर सारे मॉक टेस्ट दें ताकि आप परीक्षा की उच्च दबाव वाली परिस्थितियों को सेहन करना सीख पाएं । इन रणनीतियों को लागू करें और सुनिश्चित करें कि आप अपने "मन-मस्तिष्क तंत्र" के भगोड़ा मोड पर विजय प्राप्त करना सीख गए है ,अपने प्रदर्शन का विश्लेषण करें तथा बेहतर प्रदर्शन हेतु रणनीतियां बनाएं

5.9: परीक्षा-अवसाद के लिए समाधान:

चित्र-1.70: स्वयं को मुक्त छोड़ दे

यदि आप परीक्षा के विषय में सोचकर अवसादग्रसित हो जाते है, आपको ऐसा प्रतीत होता है कि आपको कुछ याद नहीं आ पा रहा है तथा आपको आंतरिक बेचैनी का अनुभव होता है तो इसका अर्थ यह है की अभी अपने परीक्षा के दबाव को सेहन करना नहीं सीखा है , इस समस्या को समाप्त करने का एक ही तरीका है और वह है परीक्षा के दबाव को सेहन करने का सतत अभ्यास करना।इससे निपटने के कुछ तरीके निम्न हो सकते है:

5.9.1. उच्च दबाव परीक्षा वातावरण का मानसिक अनुकरण:

चित्र-1.71: उच्च दबाव परीक्षा के वातावरण के मानसिक सिमुलेशन का अभ्यास करें

कल्पना करें कि आपने परीक्षा में प्रश्नों को हल करना शुरू कर दिया है और अपने भीतर भावनात्मक संघर्षों का सामना करना प्रारम्भ कर दिया है। आपके "मन-मस्तिष्क तंत्र " की पहली प्रतिक्रिया "भगोड़ा मोड" को सक्रिय करना है जिससे आपका जीवन सहज हो सकें| यह सुखमय जीवन के लिए आवश्यक है परन्तु विषम परिस्थिति में यह आपके विपरीत कार्य करता है तथा इस भगोड़ा मोड पर विजय प्राप्त करने हेतु आपको धैर्य के साथ परीक्षा के उच्च दाब का सामना कर स्वयं को स्थिर रखना चाहिए|

5.9.2. परीक्षा से पहले पिछली रात के दौरान अपना अध्ययन पैटर्न न बदलें:

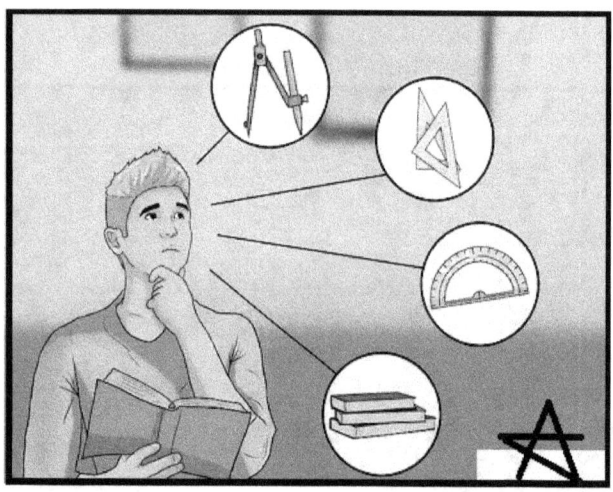

चित्र-1.72: परीक्षा से पहले पिछली रात के दौरान अपना अध्ययन पैटर्न न बदलें

सामान्यतः छात्र परीक्षा से पहले रात भर जागकर पढ़ते है जिस कारण वे अनावश्यक दबाव अनुभव करते है."मन-मस्तिष्क तंत्र" पर अनावश्यक दबाव परीक्षा परिणाम को प्रभावित करता है अतः यह परमावश्यक है कि आप "मन-मस्तिष्क तंत्र" पर अनावश्यक दबाव न डालें

5.9.3. परीक्षा से पहले कुछ हल्का भोजन ले :

चित्र-1.73: परीक्षा से पहले कुछ हल्का भोजन ले

हल्के भोजन सुनिश्चित करें क्योंकि यह पचाना आसान है और कम ऊर्जा की आवश्यकता होती है, इसलिए यह आपकी कीमती ऊर्जा को बचाता है जिसका उपयोग बेहतर प्रदर्शन के लिए किया जा सकता है इसलिए सुनिश्चित करें कि आप परीक्षा से पहले हल्का भोजन ही ले ।

5.9.4. मन को केंद्रित रखे :

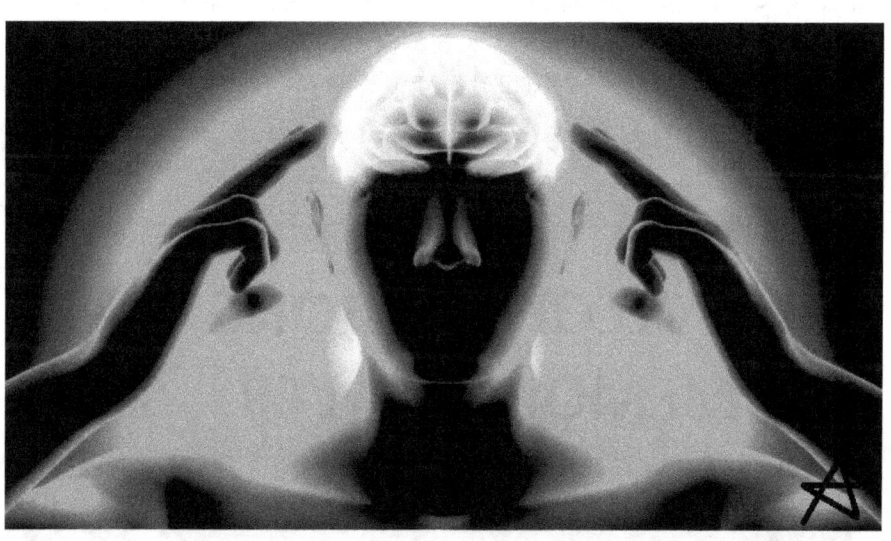

चित्र-1.74: मन को केंद्रित रखे

मानव मन आमतौर पर अस्थिर अवस्था में होता है जो यादृच्छिक रूप से परिवर्तित होता रहता है। इस समस्या को मन केंद्रित करने का अभ्यास करके हल किया जा सकता है जिसे क्रमिक ध्यान कार्यक्रमों द्वारा सीखा जा सकता है।

5.9.5. परीक्षा की तैयारी का समय:

चित्र-1.75: परीक्षा की तैयारी का समय बढ़ाएं

जितनी जल्दी हो सके परीक्षा की तैयारी शुरू करें। किसी भी प्रतिस्पर्धी परीक्षा में टॉपर छात्र अग्रिम में अच्छी तरह से तैयारी करना शुरू कर देते हैं। सामान्यतः यह देखा गया है की ऐसे छात्रों को उनके अभिभावक कक्षा 5 से ही विकसित करना प्रारम्भ कर देते है.वे उनके "मन-मस्तिष्क तंत्र" पर कार्य करना प्रारम्भ कर देते है जिससे ऐसे छात्रों का "मन-मस्तिष्क तंत्र"अत्यंत मजबूत हो जाता है तथा वह आसानी से प्रतियोगी परीक्षाओ का दबाव सेहन करने में सक्षम तथा परीक्षा में उच्च परिणाम लाने में सफल हो जाता है लंबे समय तक तैयारी करने से अवसाद तथा चिंता के स्तर को बहुत कम किया जा सकता है

5.9.6. अपनी स्मरण शक्ति को सुधारें:

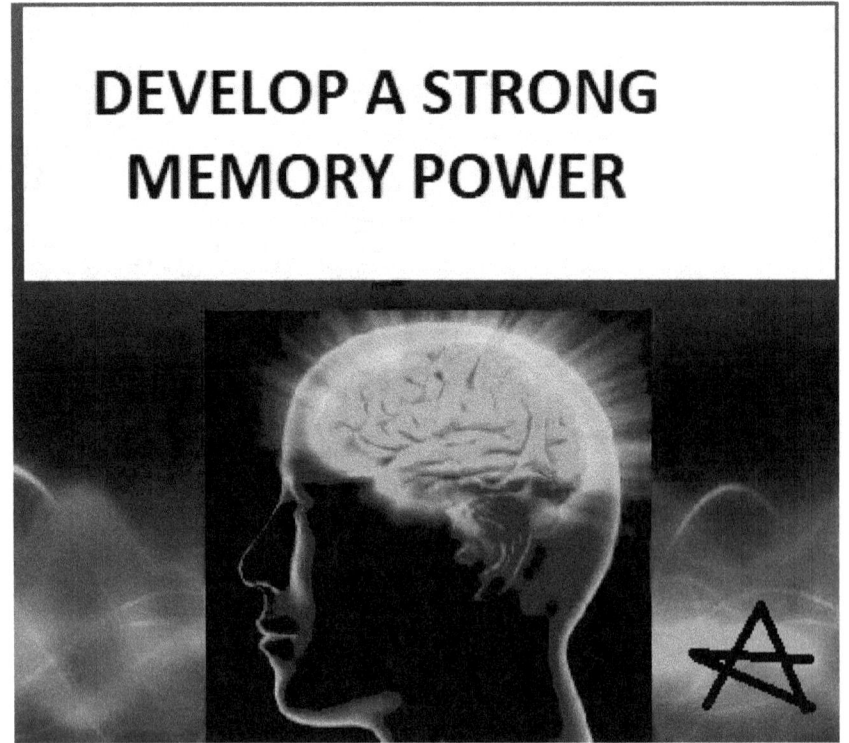

चित्र-1.76: अपनी स्मरण शक्ति को सुधारें:

प्रतिस्पर्धी परीक्षाएं ज्यादातर मेमोरी पावर के साथ-साथ समस्या को सुलझाने के कौशल और भावनात्मक प्रबंधन कौशल पर आधारित होती हैं। परीक्षा में असफलता का मूल कारण दुर्बल स्मरण शक्ति है। जब हम परीक्षा के दौरान जानकारी प्राप्त करने में असमर्थ होते हैं तो जल्दी, डर, अवसाद जैसी नकारात्मक भावनाएं हमारे "मन-मस्तिष्क तंत्र" पर हावी हो जाती है तथा इसके कारण परिणाम प्रभावित होता है

5.9.7: प्रश्नों को हल करने का फोबिया:

चित्र-1.77: प्रश्नों को हल करने का फोबिया

अधिकांश छात्र प्रश्नों को हल करने से डरते हैं क्योंकि एक प्रश्न को हल करने में मस्तिष्क के विभिन्न भागों का उपयोग शामिल होता है और इन विभिन्न प्रक्रियाओं को निष्पादित करने के लिए हमें अधिक ऊर्जा या विशेष रूप से उच्च ब्रेनवेव आवृत्ति का उपयोग करने की आवश्यकता होती है।

हमारा "मन-मस्तिष्क तंत्र" कठिन प्रश्न देखते ही "भगोड़ा मोड" को सक्रिय कर देता है तथा हमें "मन-मस्तिष्क तंत्र" के भगोड़ा मोड पर हावी होने के लिए अत्यंत शांति के साथ कार्य करना पड़ता है। जब "मन-मस्तिष्क तंत्र" भगोड़ा मोड में होता है तो यह चिंता पैदा करता है तथा छात्र परीक्षा के दौरान असहज अनुभव करते हैं।

5.10: परीक्षा प्रबंधन कौशल की कमी के समाधान:

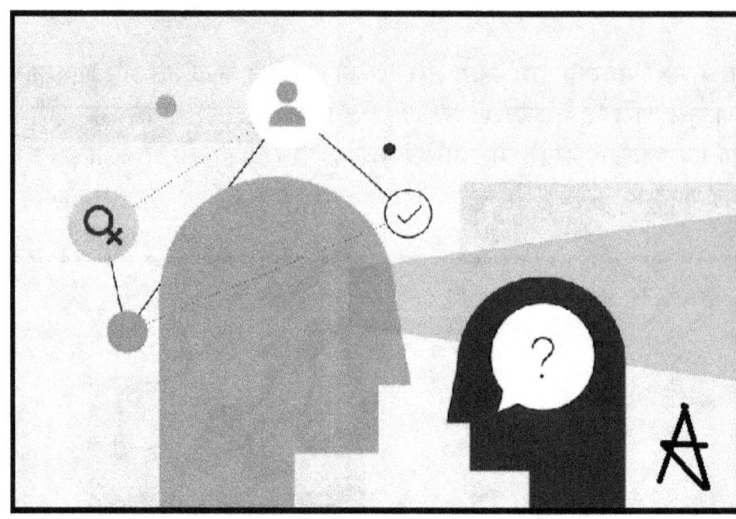

चित्र-1.78: : परीक्षा के प्रति पूर्व-पक्षपाती मानसिकता न बनाये

5.10.1: परीक्षा के प्रति पूर्व-पक्षपाती मानसिकता न बनाये :

आम तौर पर छात्र प्रश्नों का अभ्यास करते हैं और यह सोचना शुरू करते हैं कि वे किसी भी प्रश्न को हल कर सकते हैं। हर प्रश्न को हल करने का एक पैटर्न होता है तथा यदि आप उस पैटर्न को डिकोड कर पाएं तभी आप उस प्रश्न को हल कर पाएंगे परन्तु यदि आपके "मन-मस्तिष्क तंत्र" में प्रश्न के पैटर्न में सम्मिलित किसी जानकारी का अभाव है तो आप उस प्रश्न को हल नहीं कर पांएंगे

इसलिए किसी भी परीक्षा से पहले कोई कल्पना न करें तथा एक मुक्त "मन- मस्तिष्क तंत्र" के साथ पूर्व पक्षपाती मानसिकता के बजाय अपने सर्वोत्तम प्रयासों के साथ प्रश्न को हल करने का प्रयास करें।

चित्र-1.79: परीक्षा में मुक्त "मन-मस्तिष्क तंत्र" के साथ कार्य करें

5.10.2: संगठनात्मक कौशल विकसित करने के लिए अभ्यास करें:

चित्र-1.80: संगठनात्मक कौशल विकसित करने के लिए अभ्यास करें

सभी प्रतिस्पर्धी परीक्षा संगठनात्मक कौशल से सम्बंधित है क्योंकि प्रतिस्पर्धी परीक्षाओं को सफलतापूर्वक क्रैक करने के लिए बहुत सारे कार्यों का समान्तर प्रसंस्करण करने की आवश्यकता होती है, इसलिए इन कार्यों को उचित क्रम में व्यवस्थित करना बहुत आवश्यक है ताकि आप आवंटित समय के भीतर सभी कार्यों को पूरा कर सकें।

5.10.3. तीव्र निर्णय लेने के कौशल का विकास करें:

चित्र-1.81: तीव्र निर्णय लेने के कौशल का विकास करें:

प्रतिस्पर्धी परीक्षाओं में पूछे गए कुछ प्रश्न अत्यंत कठिन होते हैं और उन्हें हल करने के लिए उन्हें हल करने हेतु एक डिकोडिंग एल्गोरिथ्म की आवश्यकता होती है। चालाक छात्रों को यह पता होता है कि उनसे ऐसे कठिन प्रश्न हल होंगे या नहीं और वे केवल उन्ही सवालों को हल करने का प्रयास करते हैं जिनका डिकोडिंग अल्गोरिथम उनके पास होता है

वे बेहतर स्कोर करते हैं क्योंकि उन्हें भलीभांति ज्ञात होता कि वे किस प्रश्न का हल प्राप्त कर सकते हैं। उचित प्रश्नो के चुनाव के कारण ही वे परीक्षा में बेहतर प्रदर्शन करते है

6

मानसिक पैटर्न्स

6.1: ब्रह्मांड में पैटर्न:

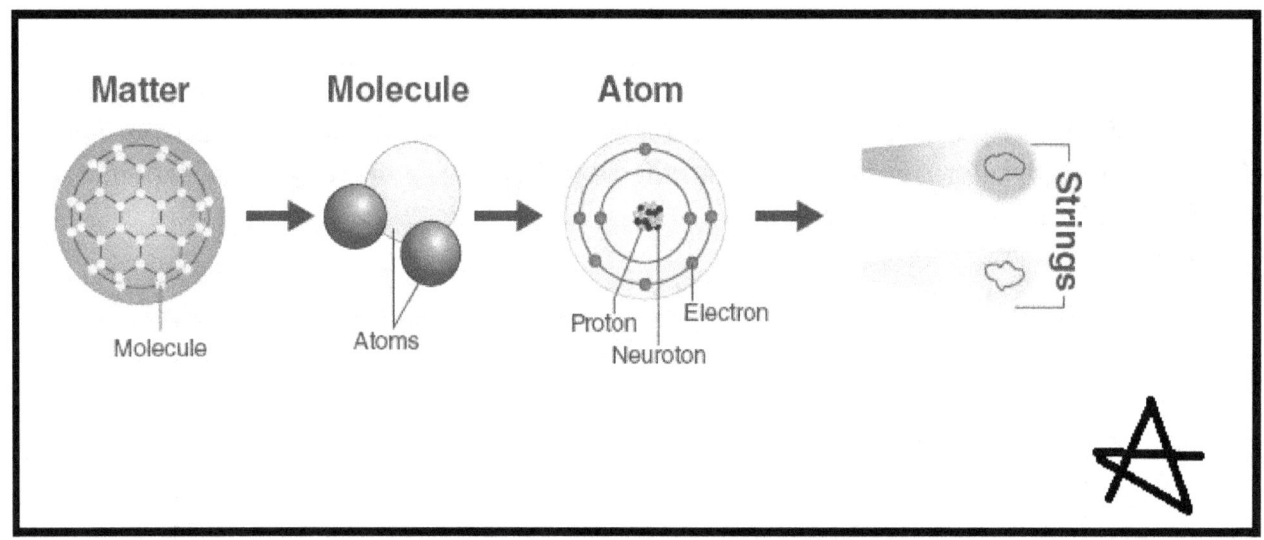

चित्र-1.82: ब्रह्मांड में पैटर्न

सम्पूर्ण ब्रह्माण्ड **एक पैटर्न** का अनुसरण कर रहा है, **रश्मि सिद्धांत** द्वारा प्रतिपदित **एक रश्मि** के कंपन से लेकर "**ब्रह्मांड के विस्तार**" तक की सम्पूर्ण घटनाएं एक पैटर्न का पालन कर रही है ,ब्रह्माण्ड में सर्वत्र व्याप्त पदार्थ मौलिक रूप से कम्पन पर आधारित है.कम्पनों की विभिन्न आवृत्ति के कारण ही पदार्थ भिन्न होते है

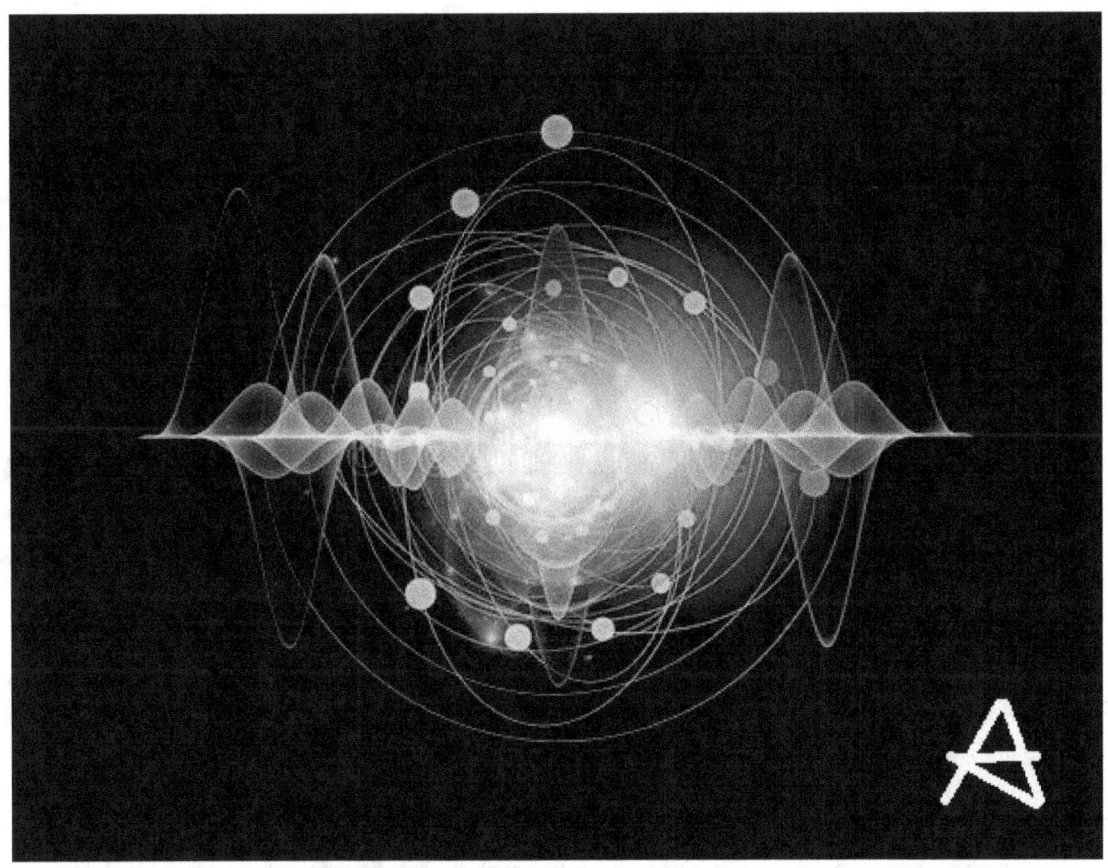

चित्र-1.83: एक स्ट्रिंग के कंपन के पैटर्न

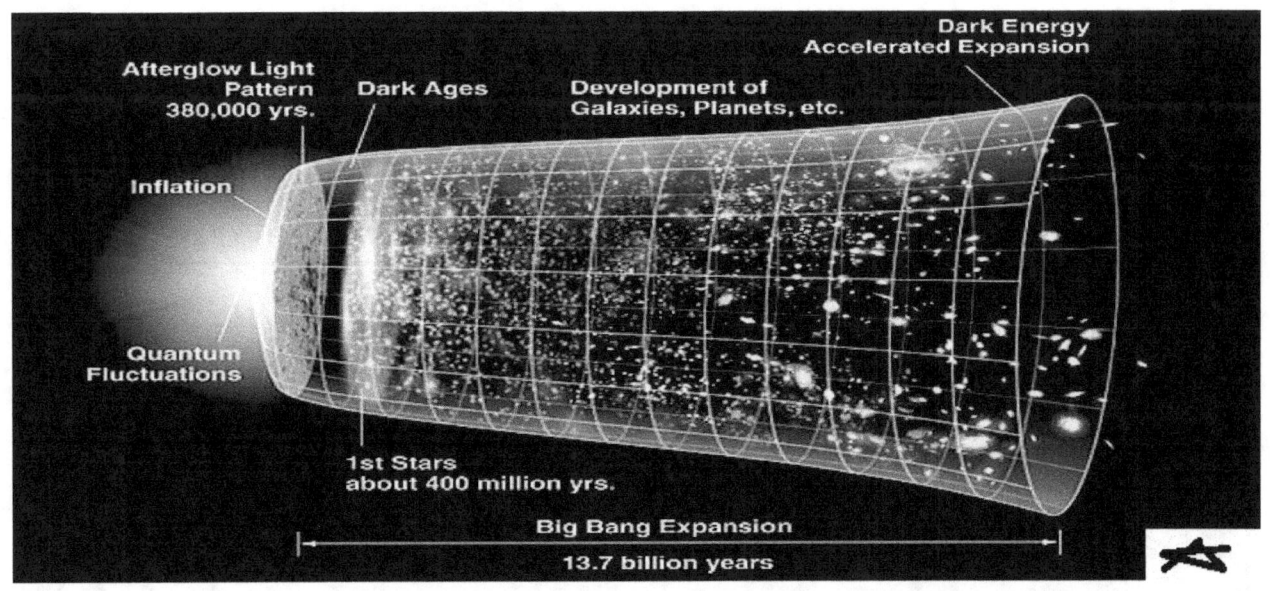

चित्र-1.84: ब्रह्मांड में पैटर्न

6.2: छात्र एक "मन-मस्तिष्क तंत्र" के रूप में:

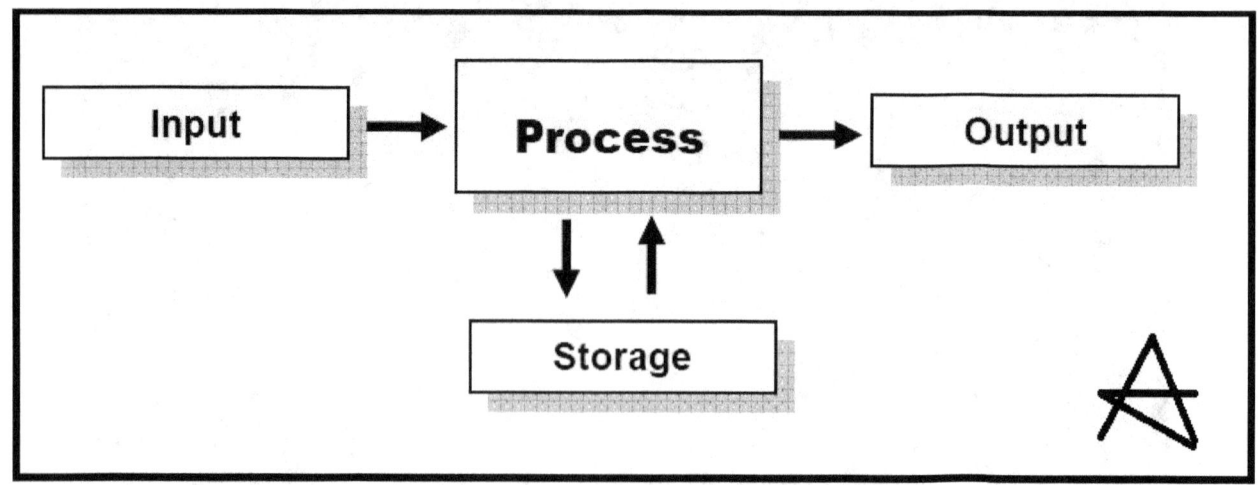

चित्र-1.85: छात्र एक "मन-मस्तिष्क तंत्र" के रूप में

यदि हम एक छात्र को "माइंड-ब्रेन तंत्र" के रूप में देखते हैं, तो हम निश्चित रूप से कह सकते हैं कि किसी विशेष कक्षा के सभी छात्रों की एक ही शिक्षक या इनपुट प्राप्त है, परन्तु भिन्न छात्रों के लिए आउटपुट अलग क्यों है।

ऐसा इसलिए है क्योंकि भिन्न छात्रों के लिए सूचना प्रसंस्करण की प्रक्रिया भिन्न होती है। जो छात्र प्रतियोगी परीक्षाओं में सफल होते है, वे अन्य छात्रों की तुलना में एक अलग प्रक्रिया का उपयोग करते हैं और यदि असफल छात्र उस "प्रकिर्या " को सीख ले तो वे प्रतियोगी परीक्षा में सफलता प्राप्त कर सकते है । प्रक्रिया के अलावा एक और अन्य आयाम ऊर्जा है। जैसा कि प्रतियोगी परीक्षा में किसी समस्या को हल करते समय आपको मस्तिष्क के विभिन्न हिस्सों का उपयोग करने की आवश्यकता होती है या मस्तिष्क तरंग आवृत्ति का यादृच्छिक परिवर्तन शामिल होता है, जिसमें बहुत अधिक ऊर्जा की खपत होती है, इसलिए छात्रों को भी इस पर बहुत गहन अभ्यास करना चाहिए।

6.3: एक सफल छात्र द्वारा प्रयुक्त मानसिक पैटर्न:

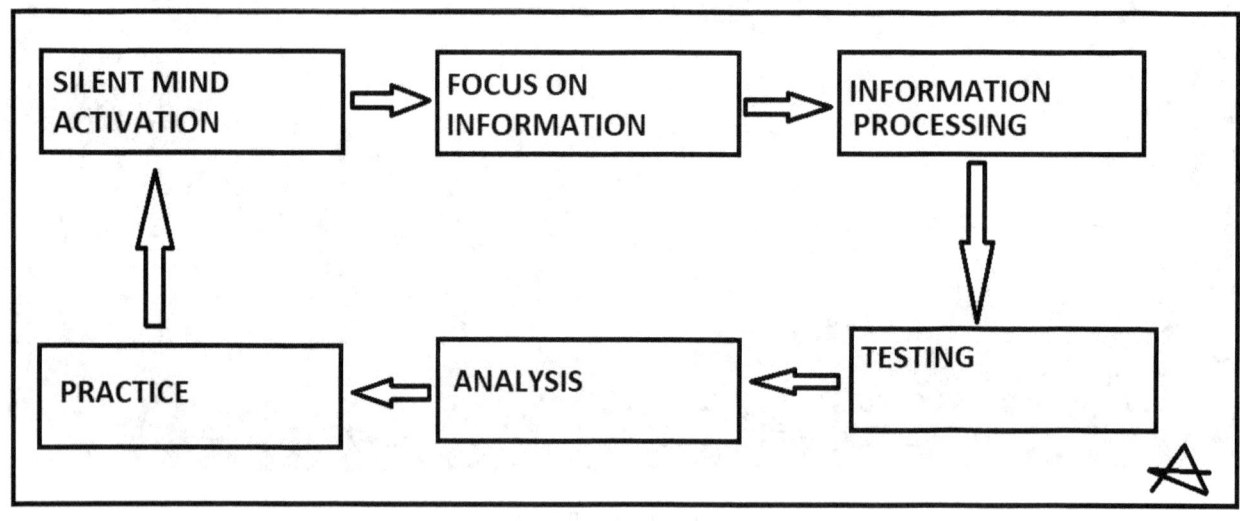

चित्र-1.86: एक सफल छात्र द्वारा प्रयुक्त मानसिक पैटर्न

हम कह सकते हैं कि सफल छात्र अन्य छात्रों की तुलना में बेहतर प्रदर्शन करते हैं क्योंकि वे अन्य छात्रों की तुलना में बेहतर मानसिक पैटर्न का उपयोग करते हैं। आमतौर पर एक छात्र पढ़ाई से डरता है क्योंकि इसमें बहुत अधिक ऊर्जा और मानसिक तनाव शामिल होता है। हमारे पास स्मृति की 3 परतें हैं जो संबंधित हैं चेतन, उप-चेतन और अचेतन मन से। अधिकांश छात्रों की केवल चेतन स्मृति तक पहुंच होती है जो सीमित है और प्रतियोगी परीक्षाओं में प्रदर्शन के लिए इसका कोई व्यावहारिक उपयोग नहीं है क्योंकि प्रतियोगी परीक्षाओं में पूछी गई जानकारी और पैटर्न कई वर्षों में विकसित किए जाते हैं तथा मूलतः अवचेतन मन से सम्बंधित होते है

चित्र-1.87: एक सफल छात्र द्वारा प्रयुक्त मानसिक पैटर्न

उदाहरण के लिए जेईई और नीट में, परीक्षा पाठ्यक्रम को कक्षा 11 और 12 के 2 वर्षों के लिए वितरित किया जाता है। लेकिन इसमें कक्षा 1 से ही सीखी गयी सभी जानकारियों का प्रयोग होता है, छात्रों की सफलता में सर्वाधिक महत्वपूर्ण कारक उनके अभिभावक हैं। सक्रिय अभिभावक जानते हैं कि आमतौर पर कोई भी अध्ययन करना पसंद नहीं करता है। अभिभावको को अपने बच्चों के "मन-मस्तिष्क तंत्र" को विकसित करने और उन्हें एक बेहतर इंसान बनने के लिए प्रशिक्षित करने हेतु अत्यंत संघर्ष करना पड़ता है। जबकि निष्क्रिय अभिभावक सोचते हैं कि अपने बच्चों को किसी शिक्षा प्रणाली में प्रवेश दिलाना ही प्रयाप्त है। यही कारण है कि अधिकांश छात्र प्रतियोगी परीक्षाओं में असफल हो जाते हैं।

और यह मात्र प्रतियोगी परीक्षाओं में असफल होने के विषय में नहीं है, यह जीवन के प्रति एक नकारात्मक दृष्टिकोण विकसित करने के विषय में है। ऐसे छात्र अपने दुखी जीवन के लिए दूसरों को दोष देते हैं। वे जीवन में सभी सुख प्राप्त करना चाहते हैं परन्तु सुख प्राप्ति के लिए मार्ग के संघर्ष से बचना चाहते है। ऐसे छात्र अपना पूरा जीवन दूसरों की आलोचना करने और दोषारोपण करने में ही व्यर्थ बर्बाद कर देते हैं। तथा अंत में राष्ट्र के लिए अनुपयोगी सिद्ध होते हैं

चित्र-1.88: एक हताश छात्र

    हालांकि अगर ऐसे छात्रों को उनके "मन-मस्तिष्क तंत्र" को विकसित करने के लिए प्रशिक्षित किया जा सकें जिससे वे कम से कम आत्म निर्भर हो सके तो हम एक बेहतर समाज बना सकते हैं तथा एक विकसित राष्ट्र की ओर अग्रसर हो सकते हैं, जो इस पुस्तक का केंद्रीय दर्शन है।

मुझे आशा है कि यह पुस्तक उन युवाओं के लिए वरदान साबित होगी जो प्रतियोगी परीक्षाओं में सफल होने की इच्छा रखते हैं तथा स्वयं, परिवार, समाज और देश के विकास में योगदान प्रदान करना चाहतें हैं, जो "विकासशील मन, विकसित भारत" की दिशा में एक सक्रिय कदम है

6.4: मन के सिद्धांत:

चित्र-1.89: सिगमंड फ्रायड

सिगमंड फ्रायड के अनुसार, मानव मन का चेतन मन , अर्ध-चेतन/उप चेतन मन और अचेतन मन के रूप में अध्ययन किया जा सकता है।

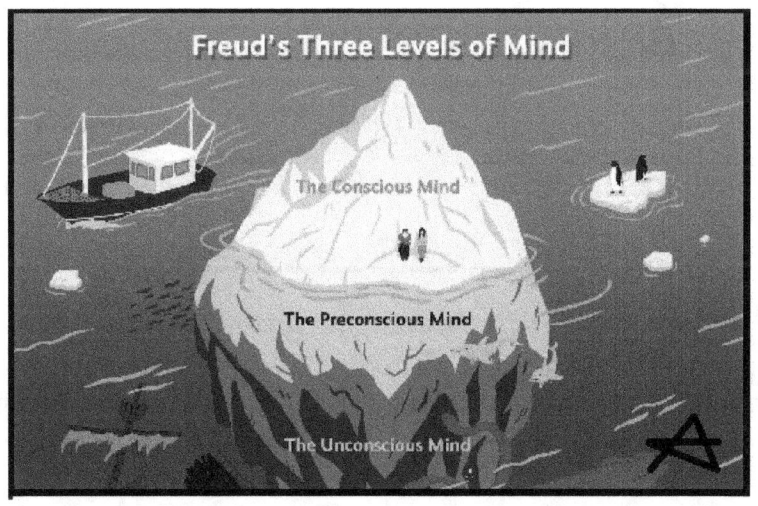

चित्र-1.90: सिगमंड फ्रायड द्वारा मन के सिद्धांत

1.चेतन मन:

दिमाग का यह हिस्सा सबसे ऊपर या सतही परत है और इसमें वह जानकारी शामिल है जो जीवित रहने के लिए आवश्यक है। तार्किक और विश्लेषणात्मक सोच दिमाग के इस हिस्से द्वारा नियंत्रित होती है। लेकिन इसका सबसे कमजोर हिस्सा भी यही है कि हम उन्हें प्रभावित करने के लिए दूसरों के सामने बड़ी-बड़ी बातें क्यों करते हैं। लेकिन जब लागू करने की बात आती है तो हम केवल वही कर सकते हैं जो हम करने में सक्षम हैं, दिमाग का कुछ और शक्तिशाली हिस्सा जो निष्क्रिय था अचानक सक्रिय हो जाता है और हम उस शक्तिशाली हिस्से को आत्मसमर्पण करने के लिए मजबूर हो जाते हैं।

जब कोई छात्र प्रतियोगी परीक्षाओं की तैयारी शुरू करता है तो वह माता-पिता और अन्य लोगों के सामने बड़ी-बड़ी बातें करता है लेकिन जब वह एक प्रश्न हल करना शुरू करता है तभी उसकी वास्तविकता की जांच की जा सकती है। अधिकांश छात्र प्रश्न का सामना करने में असमर्थ होते हैं और एक प्रश्न को हल करते समय असहज महसूस करते हैं। .

केवल वही छात्र प्रतियोगी परीक्षाओं को क्रैक करने में सक्षम होते हैं जो बहुत कम समय के भीतर और किसी भी क्रम में तीनों दिमागों तक पहुंचने में सक्षम होते हैं।

मन के अगले स्तर पर चलते हैं

2. अर्ध-चेतन / उप चेतन मन:

अचेतन/उप चेतन मन चेतन और अचेतन मन के बीच संक्रमण के लिए एक बफर है। यह उन सभी सूचनाओं के लिए भंडार गृह के रूप में कार्य करता है जिन्हें अचेतन से चेतन मन में स्थानांतरित किया जाना है।

3.अचेतन मन:

अचेतन मन में ब्रहमांड से संबंधित सभी जानकारी समाहित है। आपको केवल गहनतम जानकारी तक पहुंचने की आवश्यकता है। ब्रहमांड के सभी नए आविष्कार या मौलिक नियम अचेतन मन में संग्रहीत हैं। लेकिन इसे एक्सेस करने के लिए आपके पास सही प्रकार का मस्तिष्क होना चाहिए। इसलिए कुछ ही लोग लीक से हटकर सोचने में सक्षम होते हैं और ब्रहमांड के रहस्यों को डिकोड करने में सक्षम होते हैं।

6.5: व्यक्तित्व का सिद्धांत:

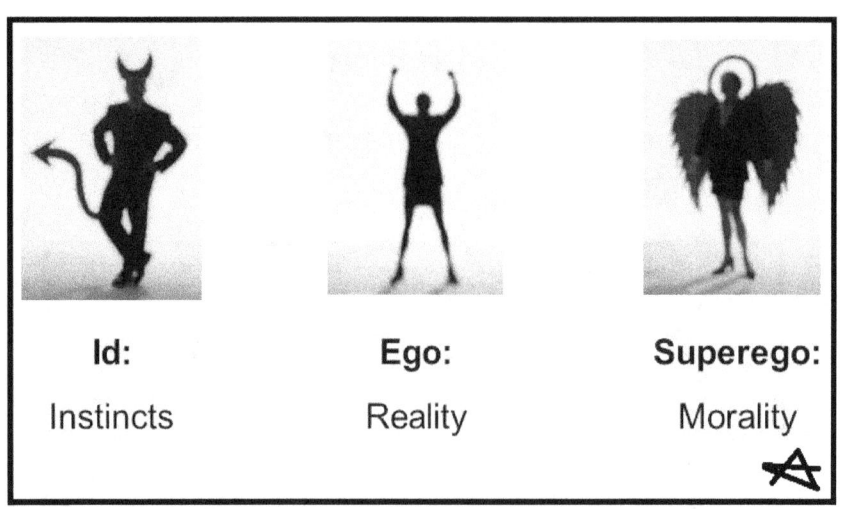

चित्र-1.91: सिगमंड फ्रायड द्वारा व्यक्तित्व का सिद्धांत

सिगमंड फ्रायड के अनुसार मनुष्य 3 मूल व्यक्तित्वों से प्रभावित होता है या एक व्यक्ति के अंदर 3 अलग-अलग व्यक्ति होते हैं जो उसे आंतरिक सुझाव देते हैं। आप स्वयं इन तीन अलग-अलग व्यक्तित्वों के अस्तित्व को सत्यापित कर सकते हैं। ये हैं: ईड,ईगो तथा सुपरईगो

चित्र-1.92 एक व्यक्ति के अंदर 3 अलग-अलग व्यक्ति

ईड का संबंध पशु प्रवृत्ति और इच्छाओं से है।

ईगो व्यावहारिक व्यक्तित्व है जो बेहतर जीवन के लिए संसाधनों का बेहतर उपयोग करने की कोशिश करता है।

सुपरईगो नैतिकता और नैतिकता के बारे में है।

लेकिन इन व्यक्तित्वों में से एक दूसरों पर हावी होता है और वह प्रभुत्व वाला व्यक्तित्व तय करता है कि आप किस प्रकार के व्यक्ति हैं।

6.4: प्रतियोगी परीक्षाओं के लिए मानसिक पैटर्न कैसे विकसित करें:

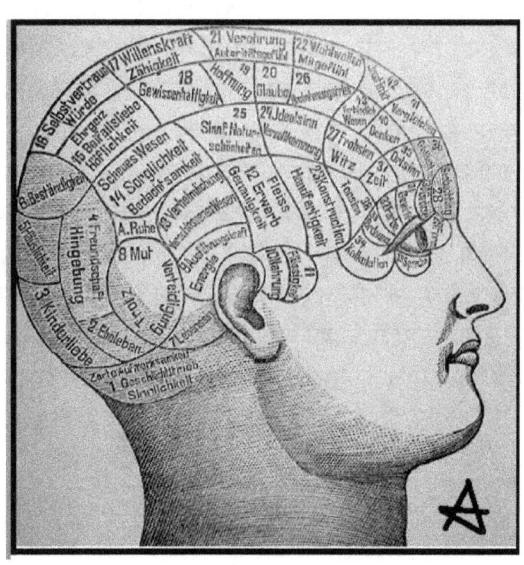

चित्र-1.93: प्रतियोगी परीक्षाओं के लिए मानसिक पैटर्न

प्रतियोगी परीक्षा 3 परस्पर अनन्य आयामों का खेल है। ये हैं- सूचना, प्रक्रिया और ऊर्जा।

अधिकांश छात्र केवल जानकारी के बारे में जानते हैं और प्रक्रिया और ऊर्जा पर बहुत कम ध्यान देते हैं, जिसके प्रभाव के रूप में वे केवल तैयारी करने का कार्य करते हैं लेकिन कभी भी मानसिक रूप से परीक्षा की तैयारी नहीं करते हैं। प्रतियोगी परीक्षा की असली तैयारी आपके द्वारा शुरू करने के बाद शुरू होती है। एक समस्या को हल करना लेकिन अधिकांश छात्र समस्याओं को हल करने से डरते हैं वे सिद्धांत को रटते हैं और समस्या को हल करने के लिए उपयोग की जाने वाली समस्याओं और पैटर्न की उपेक्षा करते हैं, जिसके प्रभाव के रूप में अधिकांश छात्र तीव्र समस्या समाधान कौशल विकसित करने में असमर्थ होते हैं जो कि एक कोर है प्रतियोगी परीक्षाओं को क्रैक करने की आवश्यकता।

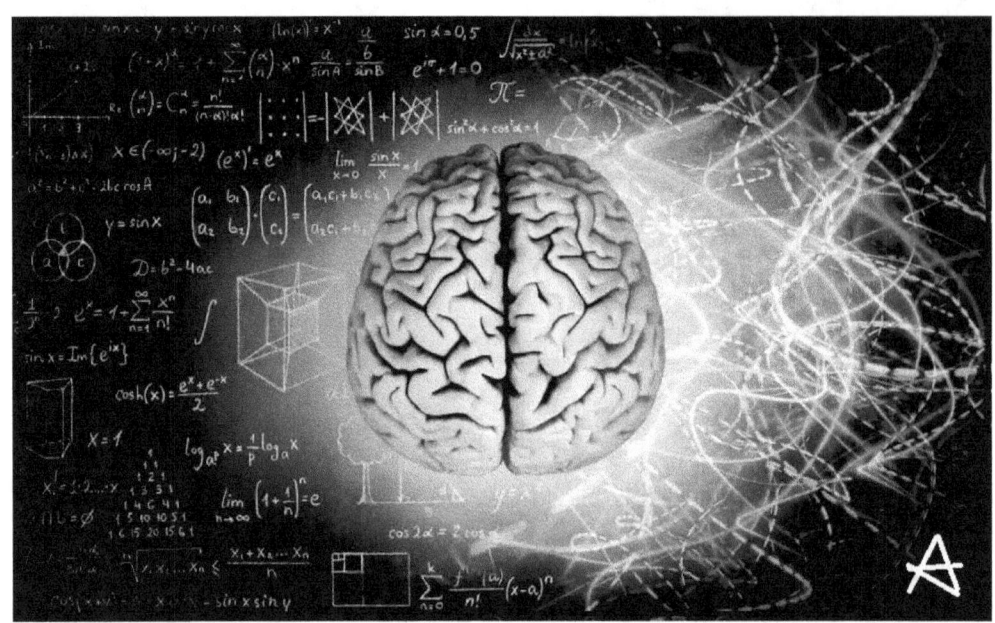

चित्र-1.94: बायाँ बनाम दायाँ मस्तिष्क

जेईई और नीट जैसी प्रतियोगी परीक्षाओं में पूछे गए प्रश्न आपके "मन-मस्तिष्क तंत्र " को कई आयामों के माध्यम से परखते है हालांकि नीट और जेईई मेन के लिए, यदि आपने पर्याप्त अभ्यास किया है और एनसीईआरटी सिद्धांत और प्रश्नो पर अच्छी पकड़ है तो आप आसानी से एक अच्छी रैंक के साथ सफल हो सकते है , यद्यपि जेईई एडवांस्ड में पूछे गए प्रश्नो को हल करने के लिए, आपको वास्तव में एक विशेषज्ञ समस्या समाधानकर्ता होने की आवश्यकता है क्योंकि जेईई एडवांस्ड में कोई निश्चित पैटर्न या प्रश्नों के प्रकार नहीं हैं

एक प्रतियोगी परीक्षा सफलता प्राप्त करने हेतु आपको कुछ सेकंड के एक छोटे से समयांतराल में अपने चेतन, अचेतन और अचेतन मन तक पहुंचने की आवश्यकता होती है तथा यह बहुत सारे भावनात्मक संघर्ष और तनाव पैदा करता है जो भय, चिंता, क्रोध, जल्दबाजी आदि आदि नकारात्मक भावनाएँ उत्पन्न करते है इसलिए प्रतियोगी परीक्षा की तैयारी में पहला काम है खुद को उच्च दबाव वाली परीक्षा की स्थितियों के लिए मानसिक रूप से तैयार करना और चेतन मन , अर्ध-चेतन/उप चेतन मन और अचेतन मन को जोड़ने की कला सीखना और समस्याओं को हल करने और कम समय में समस्याओं का समाधान खोजने के लिए एक प्रणाली के रूप में उनका उपयोग करना।

एक सफल छात्र द्वारा अपनाए जाने वाले सामान्य पैटर्न को नीचे दिए गए चित्र में दिखाया गया है। यदि आप एक प्रतियोगी परीक्षा में सफल होने की इच्छा रखते है तो नीचे दिखाए गए पैटर्न का पालन करें और जब तक आप इसके साथ सहज न हों, तब तक इसका अभ्यास करें।

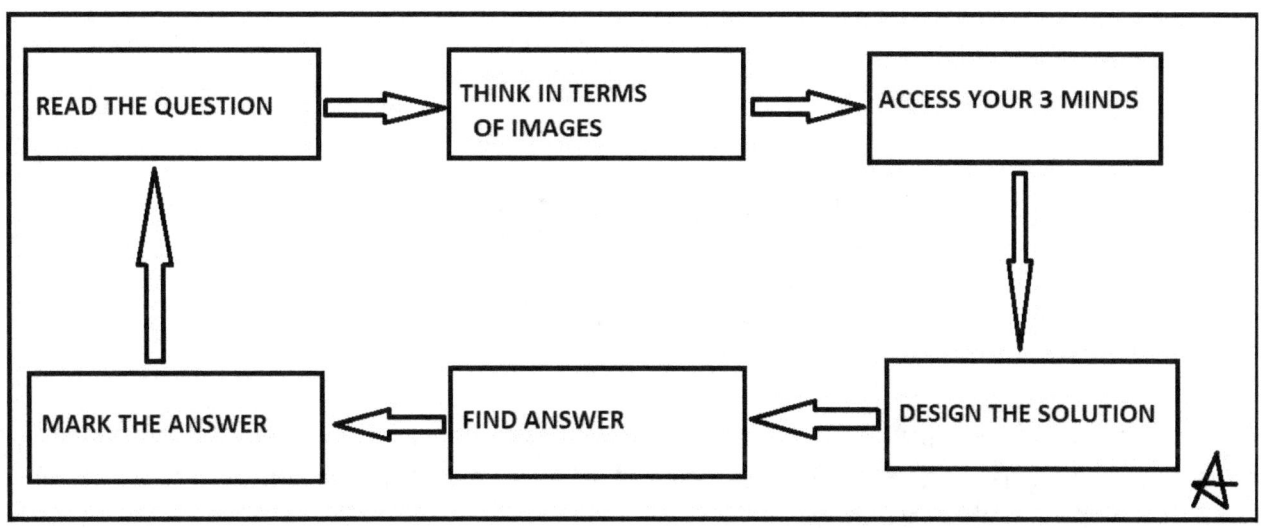

चित्र-1.95: प्रतियोगी परीक्षाओं के लिए मानसिक पैटर्न

7
प्रशिक्षण कार्यक्रम

अपनी दैनिक प्रगति का मूल्यांकन करने के लिए 21 दिनों का प्रशिक्षण कार्यक्रम बनाएं और धीरे-धीरे अपने "मन-मस्तिष्क प्रणाली" में मानसिक पैटर्न को लागू करें।अपनी दैनिक प्रगति का मूल्यांकन करने के लिए 21 दिनों का प्रशिक्षण कार्यक्रम बनाएं और धीरे-धीरे अपने "मन-मस्तिष्क प्रणाली" में मानसिक पैटर्न को लागू करें।

FIG-1.95: 21 days training program

8
CONTACT US:

किसी भी प्रश्न या प्रतिक्रिया के लिए हमसे संपर्क करें:
ACHARYAVISHVENDRA@GMAIL.COM

हमने इस पुस्तक को त्रुटि मुक्त रखने के लिए यथासंभव प्रयास किया है , हालांकि अगर पाठकों को कोई त्रुटि मिलती है तो वे हमें इस पर ई-मेल कर सकते हैं: ACHARYAVISHVENDRA@GMAIL.COM

www.ingramcontent.com/pod-product-compliance
Lightning Source LLC
LaVergne TN
LVHW081549070526
838199LV00061B/4250
9798890021595